In französisch-deutschem Paralleldruck enthält dieses Taschenbuch eine Auswahl aus dem aphoristischen Werk des französischen Moralisten Blaise Pascal (1623–1662) sowie einen Essay des Übersetzers Fritz Paepcke, der einen Zugang zu der bewegend-strengen Sprach- und Gedankenwelt von Pascal vermittelt.

Hanspeter Brode bezeichnet in der Frankfurter Allgemeinen Zeitung (14. März 1981) den Band als eine Perle der Reihe dtv zweisprachig: «Mancher Leser wird die Pensées hier erstmals im Original in die Hand bekommen und dann mit Herzklopfen auf Entdeckungsjagd gehen.»

Christian Link schreibt in «Subjektivität und Wahrheit – Die Grundlegung der neuzeitlichen Metaphysik durch Descartes» (Stuttgart 1978): «Durch den *esprit de finesse* – Paepcke hat ihn zutreffend als *spontan-intuitives Erfassen* des *cœur*, als *Geist der Erfahrung* beschrieben – wird der Gegenstand des Erkennens auf das Begreifen des Menschen hingeordnet.»

dtv zweisprachig · Edition Langewiesche-Brandt

Blaise Pascal

Le Cœur et ses Raisons. Pensées

Logik des Herzens. Gedanken

Auswahl, Übersetzung und Nachwort
von Fritz Paepcke

Deutscher Taschenbuch Verlag

Bei Pascal müssen die Mühen des philologischen Textverständnisses immer wieder neu vollzogen werden, um weitestgehende Treue zur französischen Textvorlage mit der unmittelbaren Sprachkraft im Deutschen zu verbinden. Wer Pascal übersetzt und damit den bereits vorhandenen Übertragungen eine neue hinzufügt, muß bereit sein, sich seinen Vorgängern anzuschließen, gleichzeitig aber in der Pascalschen Denk- und Sprachgestalt neue Maßstäbe entdecken wollen.

Die vorliegenden Fassungen sind nicht denkbar ohne die beiden Übersetzungen von Wolfgang Rüttenauer (Blaise Pascal: Gedanken. Dieterich'sche Verlagsbuchhandlung, Wiesbaden 1947) und Ewald Wasmuth (Blaise Pascal: Über die Religion. Verlag Lambert Schneider, Heidelberg 1954).

Die maßgebende Ausgabe des französischen Gesamtwerks von Blaise Pascal liegt in dem Sammelband *Oeuvres complètes de Pascal*, Bibliothèque de la Pléiade nrf 1954, Editions Gallimard, vor. Für den vorliegenden Text wurde die Ausgabe von Léon Brunschvicg (Blaise Pascal: Pensées et Opuscules. Hachette, Paris 1953) zugrunde gelegt. Bei jedem Fragment ist die Nummer der Brunschvicg-Ausgabe angegeben. Notwendige Ergänzungen sind in eckige Klammern gesetzt. Um auf beschränktem Seitenraum eine möglichst breite Auswahl der Fragmente zu bieten, mußten einige Abschnitte gekürzt werden. Auslassungen im Text sind durch (...), fragmentarische Sätze des Originals durch ... gekennzeichnet.

Deutscher Taschenbuch Verlag GmbH & Co. KG München
© 1959/1980/1982 (Revidierte Ausgaben)
Langewiesche-Brandt, Ebenhausen bei München
25.–27. Tausend der Gesamtauflage Februar 1985
Umschlaggestaltung: Celestino Piatti
Gesamtherstellung: Kösel, Kempten
Printed in Germany. ISBN 3-423-09169-X

Blaise Pascal:
Pensées · Gedanken   6 · 7

Fritz Paepcke:
Blaise Pascal und die Logik des Herzens   119

1 *Différence entre l'esprit de géométrie et l'esprit de finesse.* — En l'un, les principes sont palpables, mais éloignés de l'usage commun; de sorte qu'on a peine à tourner la tête de ce côté-là, manque d'habitude : mais pour peu qu'on l'y tourne, on voit les principes à plein; et il faudrait avoir tout à fait l'esprit faux pour mal raisonner sur des principes si gros qu'il est presque impossible qu'ils échappent.

Mais dans l'esprit de finesse, les principes sont dans l'usage commun et devant les yeux de tout le monde. On n'a que faire de tourner la tête, ni de se faire violence; il n'est question que d'avoir bonne vue, mais il faut l'avoir bonne; car les principes sont si déliés et en si grand nombre, qu'il est presque impossible qu'il n'en échappe. Or, l'omission d'un principe mène à l'erreur; ainsi, il faut avoir la vue bien nette pour voir tous les principes, et ensuite l'esprit juste pour ne pas raisonner faussement sur des principes connus.

Blaise Pascal: Gedanken

Unterschied zwischen mathematischem Denken und intuitivem Erkennen. — Die Prinzipien des einen sind handgreiflich, aber nicht allgemein anwendbar; so hat man Mühe, sich ihnen zuzuwenden, zumal einem die Gewohnheit fehlt: aber sobald man sich ihnen nur zuwendet, sieht man die Prinzipien ganz klar; und man müßte einen völlig verwirrten Verstand haben, wollte man über Prinzipien, die so faßbar sind, daß sie einem fast unmöglich entgehen können, zu falschen Ergebnissen kommen.

Dagegen sind die Prinzipien des intuitiven Erkennens allgemein anwendbar und jedem gegenwärtig. Man braucht sich ihnen nur zuzuwenden, ohne sich Gewalt anzutun; es kommt nur darauf an, einen scharfen Blick zu haben, aber scharf muß er sein; denn die Prinzipien sind so subtil und so zahlreich, daß einem fast zwangsläufig manche entgehen müssen. Läßt man nun eines der Prinzipien fort, so führt diese Auslassung zum Irrtum; darum muß man einen ganz klaren Blick haben, um alle Prinzipien zu sehen, und dann den rechten Verstand, um nicht bei bekannten Prinzipien zu falschen Ergebnissen zu kommen.

[1/2]   Tous les géomètres seraient donc fins s'ils avaient la vue bonne, car ils ne raisonnent pas faux sur les principes qu'ils connaissent;

et les esprits fins seraient géomètres s'ils pouvaient plier leur vue vers les principes inaccoutumés de géométrie.

Ce qui fait donc que de certains esprits fins ne sont pas géomètres, c'est qu'ils ne peuvent du tout se tourner vers les principes de géométrie; mais ce qui fait que des géomètres ne sont pas fins, c'est qu'ils ne voient pas ce qui est devant eux, et qu'étant accoutumés aux principes nets et grossiers de géométrie, et à ne raisonner qu'après avoir bien vu et manié leurs principes, ils se perdent dans les choses de finesse, où les principes ne se laissent pas ainsi manier. On les voit à peine, on les sent plutôt qu'on ne les voit; on a des peines infinies à les faire sentir à ceux qui ne les sentent pas d'eux-mêmes: ce sont choses tellement délicates et si nombreuses, qu'il faut un sens bien délicat et bien net pour les sentir, et juger droit et juste selon ce sentiment, sans pouvoir le plus souvent les démontrer par ordre comme en géométrie, parce qu'on n'en possède pas ainsi les principes, et que ce serait une chose infinie de l'entreprendre.

Il faut tout d'un coup voir la chose d'un seul regard, et non pas par progrès de raisonnement, au moins jusqu'à un certain degré. Et ainsi il est rare que les géomètres soient fins et que les fins soient géomètres, à cause que les géomètres veulent traiter géométriquement

Alle Mathematiker wären nun von Intuition geleitete Menschen, wenn sie einen scharfen Blick hätten; denn sie kommen über die ihnen bekannten Prinzipien nicht zu falschen Ergebnissen; und die von Intuition geleiteten Menschen wären Mathematiker, wenn sie ihr Auge an die ungewohnten Prinzipien der Mathematik gewöhnen könnten.

Manche von Intuition geleiteten Menschen sind also deswegen keine Mathematiker, weil sie überhaupt nicht fähig sind, sich den Prinzipien der Mathematik zuzuwenden; manche Mathematiker sind aber deswegen keine von Intuition geleiteten Menschen, weil sie nicht sehen, was vor ihnen liegt, und weil sie an die klaren und groben Prinzipien der Mathematik gewöhnt sind und üblicherweise nur Schlüsse ziehen, nachdem sie ihre Prinzipien deutlich erkannt und angewandt haben; so verirren sie sich in dem Bereich des intuitiven Erkennens, wo sich die Prinzipien nicht so anwenden lassen. Man sieht sie kaum, man spürt sie mehr, als daß man sie sieht; man hat unendliche Mühe, sie denen nahe zu bringen, die sie nicht von sich aus spüren; es sind derart feine und vielfältige Dinge, daß man ein sehr empfindliches und sehr feines Sensorium braucht, um sie zu empfinden und um richtig und genau nach diesem Empfinden zu urteilen, ohne daß man sie in der Mehrzahl wie in der Mathematik logisch beweisen könnte, weil man hier die Prinzipien nicht so besitzt und das auch ein Unterfangen ohne Ende wäre. Man muß sofort mit einem Blick das Ganze übersehen, wenigstens bis zu einem gewissen Grad, und nicht etwa im Fortgang einer logischen Beweisführung. So sind Mathematiker selten von Intuition geleitete Menschen, und diese wiederum sind selten Mathematiker, weil Mathematiker Fragen im Bereich des intuitiven Erkennens mathematisch behandeln

[1/3] ces choses fines, et se rendent ridicules, voulant commencer par les définitions et ensuite par les principes, ce qui n'est pas la manière d'agir en cette sorte de raisonnement. Ce n'est pas que l'esprit ne le fasse; mais il le fait tacitement, naturellement et sans art, car l'expression en passe tous les hommes, et le sentiment n'en appartient qu'à peu d'hommes.

Et les esprits fins, au contraire, ayant ainsi accoutumé à juger d'une seule vue, sont si étonnés — quand on leur présente des propositions où ils ne comprennent rien, en où pour entrer il faut passer par des définitions et des principes si stériles, qu'ils n'ont point accoutumé de voir ainsi en détail, — qu'ils s'en rebutent et s'en dégoûtent.

Mais les esprits faux ne sont jamais ni fins ni géomètres.

Les géomètres qui ne sont que géomètres ont donc l'esprit droit, mais pourvu qu'on leur explique bien toutes choses par définitions et principes; autrement ils sont faux et insupportables, car ils ne sont droits que sur les principes bien éclaircis.

Et les fins qui ne sont que fins ne peuvent avoir la patience de descendre jusque dans les premiers principes des choses spéculatives et d'imagination, qu'ils n'ont jamais vues dans le monde, et tout à fait hors d'usage.

4   *Géométrie, finesse.* — La vraie éloquence se moque de l'éloquence, la vraie morale se moque de la mo-

wollen und sich lächerlich machen, wenn sie mit Definitionen und dann mit Prinzipien beginnen wollten, wie bei solchen Überlegungen eben nicht vorzugehen ist. Gewiß arbeitet auch hier der Geist; aber er tut es stillschweigend, natürlich und ohne methodische Regel, denn der Ausdruck hierfür übersteigt alle Menschen, und das Gespür dafür haben nur wenige.

Wenn man andererseits den von Intuition und gewohnheitsmäßig augenblicklichen Urteilen geleiteten Menschen Lehrsätze vorführt, von denen sie nichts verstehen und zu denen sie nur durch Definitionen und Prinzipien Zugang finden, die so trocken sind, wie sie ungeübt sind, analytisch vorzugehen, dann sind sie so erstaunt, daß sie von ihnen abgestoßen und angewidert werden.

Aber Menschen mit unklarem Verstand sind weder von Intuition geleitete Menschen noch Mathematiker.

Die Mathematiker, die nur Mathematiker sind, haben demnach einen klaren Verstand, vorausgesetzt daß man ihnen alles mit Definitionen und Prinzipien erklärt; sonst sind sie verworren und unerträglich, denn sie sind nur klar bei eindeutig geklärten Prinzipien.

Und die ausschließlich von Intuition geleiteten Menschen können nicht die Geduld aufbringen, bis zu den ersten Prinzipien des rein Begrifflichen und Abstrakten vorzudringen, das sie in der Welt niemals erfahren haben und das dort alles andere als üblich ist.

Mathematik, intuitives Erkennen. — Echte Beredsamkeit macht sich über die Lehre von der Beredsamkeit lustig, echte

[4/2] rale ; c'est-à-dire que la morale du jugement se moque de la morale de l'esprit — qui est sans règles.

Car le jugement est celui à qui appartient le sentiment, comme les sciences appartiennent à l'esprit. La finesse est la part du jugement, la géométrie est celle de l'esprit.

Se moquer de la philosophie, c'est vraiment philosopher.

35 Il faut qu'on n'en puisse [dire], ni: « il est mathématicien », ni « prédicateur », ni « éloquent », mais « il est honnête homme ». Cette qualité universelle me plaît seule. Quand en voyant un homme on se souvient de son livre, c'est mauvais signe ; je voudrais qu'on ne s'aperçût d'aucune qualité que par la rencontre et l'occasion d'en user. *(Ne quid nimis)*, de peur qu'une qualité ne l'emporte, et ne fasse baptiser. Qu'on ne songe point qu'il parle bien, sinon quand il s'agit de bien parler, mais qu'on y songe alors.

36 L'homme est plein de besoins : il n'aime que ceux qui peuvent les remplir tous. « C'est un bon mathématicien », dira-t-on. — Mais je n'ai que faire de mathématiques ; il me prendrait pour une proposition. — « C'est un bon guerrier. » — Il me prendrait pour une place assiégée. Il faut donc un honnête homme qui puisse s'accommoder à tous mes besoins généralement.

Sittlichkeit spottet über die Morallehre, das heißt, das gewissenhafte Urteil macht sich über die Gewissenhaftigkeit der Vernunft lustig – denn es kennt keine Regeln.

Denn das Urteil ist der Intuition zugeordnet, wie die Wissenschaften zur Vernunft gehören. Intuitives Erkennen hat Anteil am Urteil, Mathematik aber ist Sache der Vernunft.

Sich über die Philosophie lustig machen, das ist echtes Philosophieren.

Man sollte weder sagen können: er ist Mathematiker, noch Prediger, noch Redner, sondern er ist ein Künstler und Edelmann des Lebens. Diese umfassende Eigenschaft allein gefällt mir. Wenn man einem Menschen begegnet und sich an sein Buch erinnert, so ist das ein schlechtes Zeichen; ich möchte, daß man keine andere Eigenschaft bemerkt als jene, die Begegnung und Umstände gerade erfordern. *Alles mit Maßen* – damit nur nicht eine Eigenschaft den Ausschlag gibt und den Menschen abstempelt. Man darf nur daran denken, daß einer gut spricht, wenn es darum geht, gut zu sprechen; aber dann soll man auch wirklich daran denken.

Der Mensch hat vielerlei Bedürfnisse: er schätzt nur jene Menschen, die sie alle erfüllen können. Das ist ein guter Mathematiker, wird man von einem sagen. – Wenn ich aber nur Mathematik triebe, würde er mich für einen Lehrsatz halten. – Das ist ein guter Soldat. – Er würde mich für eine belagerte Festung halten. Ich brauche also einen Künstler und Edelmann des Lebens, der sich ganz allgemein allen meinen Bedürfnissen anzupassen vermag.

72 *Disproportion de l'homme.* — (...) Que l'homme contemple donc la nature entière dans sa haute et pleine majesté, qu'il éloigne sa vue des objets bas qui l'environnent. Qu'il regarde cette éclatante lumière, mise comme une lampe éternelle pour éclairer l'univers, que la terre lui paraisse comme un point au prix du vaste tour que cet astre décrit et qu'il s'étonne de ce que ce vaste tour lui-même n'est qu'une pointe très délicate à l'égard de celui que les astres qui roulent dans le firmament embrassent. Mais si notre vue s'arrête là, que l'imagination passe outre; elle se lassera plutôt de concevoir, que la nature de fournir. Tout ce monde visible n'est qu'un trait imperceptible dans l'ample sein de la nature. Nulle idée n'en approche. Nous avons beau enfler nos conceptions, au delà des espaces imaginables, nous n'enfantons que des atomes, au prix de la réalité des choses. C'est une sphère dont le centre est partout, la circonférence nulle part. Enfin c'est le plus grand caractère sensible de la toute-puissance de Dieu, que notre imagination se perde dans cette pensée.

Que l'homme, étant revenu à soi, considère ce qu'il est au prix de ce qui est; qu'il se regarde comme égaré dans ce canton détourné de la nature; et que de ce petit cachot où il se trouve logé, j'entends l'univers, il apprenne à estimer la terre, les royaumes, les villes et soi-même son juste prix.

Qu'est-ce qu'un homme dans l'infini ?

Mais pour lui présenter un autre prodige aussi étonnant, qu'il recherche dans ce qu'il connaît les

14·15

Die Ungereimtheit des Menschen. — (...) Der Mensch betrachte also die ganze Natur in ihrer hohen und vollen Majestät; er wende seinen Blick von den niedrigen Dingen ab, die ihn umgeben. Er schaue dieses strahlende Licht an, das wie eine ewige Lampe aufgehängt ist, um das Weltall zu erleuchten; die Erde erscheine ihm wie ein Punkt im Vergleich mit der weiten Bahn, die dieses Gestirn beschreibt, und er staune darüber, daß diese weite Bahn selbst nur ein sehr feiner Punkt ist im Vergleich mit der Bahn, die die Gestirne umschreiben, die am Firmament kreisen.

Wenn aber unser Auge hier innehält, soll die Phantasie weiterdringen; eher wird sie im Wahrnehmen ermüden als die Natur im Zeigen. Diese ganze sichtbare Welt ist nur ein unmerklicher Strich im weiten Schoß der Natur. Kein Gedanke reicht an sie heran. Vergeblich blasen wir unsere Vorstellungen über die vorstellbaren Räume hinaus auf. Im Vergleich mit der Wirklichkeit der Dinge bringen wir nur Atome hervor. Das Weltall ist eine Kugel, deren Mittelpunkt überall und deren Oberfläche nirgends ist. Schließlich ist es der größte erfahrbare Ausdruck der göttlichen Allmacht, daß unsere Phantasie sich in diesem Gedanken verlieren kann.

Der Mensch, zu sich zurückgekehrt, bedenke, was er ist im Vergleich mit dem, was sonst noch ist; er betrachte sich wie einen Verirrten in dieser entlegenen Ecke der Natur; und von diesem kleinen Kerker aus, in dem er zu Hause ist — ich meine das Weltall —, lerne er, die Erde, die Reiche, die Städte und sich selbst richtig einzuschätzen.

Was ist ein Mensch im Unendlichen?

Aber um ihm ein anderes, ebenso erstaunliches Wunder vorzuführen, soll er in dem ihm bekannten Bereich die win-

[72/2] choses les plus délicates. Qu'un ciron lui offre dans la petitesse de son corps des parties incomparablement plus petites, des jambes avec des jointures, des veines dans ses jambes, du sang dans ses veines, des humeurs dans ce sang, des gouttes dans ses humeurs, des vapeurs dans ces gouttes ; que, divisant encore ces dernières choses, il épuise ses forces en ces conceptions, et que le dernier objet où il peut arriver soit maintenant celui de notre discours ; il pensera peut-être que c'est là l'extrême petitesse de la nature. Je veux lui faire voir là dedans un abîme nouveau. Je lui veux peindre non seulement l'univers visible, mais l'immensité qu'on peut concevoir de la nature, dans l'enceinte de ce raccourci d'atome. Qu'il y voie une infinité d'univers, dont chacun a son firmament, ses planètes, sa terre, en la même proportion que le monde visible ; dans cette terre, des animaux, et enfin des cirons, dans lesquels il retrouvera ce que les premiers ont donné ; et trouvant encore dans les autres la même chose sans fin et sans repos, qu'il se perde dans ces merveilles, aussi étonnantes dans leur petitesse que les autres par leur étendue ; car qui n'admirera que notre corps, qui tantôt n'était pas perceptible dans l'univers, imperceptible lui-même dans le sein du tout, soit à présent un colosse, un monde, ou plutôt un tout, à l'égard du néant où l'on ne peut arriver ?

Qui se considérera de la sorte s'effrayera de soi-même, et, se considérant soutenu dans la masse que la nature lui a donnée, entre ces deux abîmes de l'infini et du néant, il tremblera dans la vue de ces

zigsten Dinge untersuchen. In der Winzigkeit ihres Körpers kann ihm die Milbe noch unvergleichlich kleinere Teile vorweisen: Gliedmaßen mit Gelenken, Adern in den Gliedmaßen, Blut in den Adern, Säfte im Blut, Tropfen in den Säften, Gase in den Tropfen; wenn er diese letzten Dinge noch weiter teilt, erschöpfe er seine geistigen Kräfte in diesen Vorstellungen, und vom letzten Gegenstand, an den er so gelangen kann, soll jetzt die Rede sein; er mag vielleicht meinen, daß hier das äußerste Kleine in der Natur sei. Ich will ihm darin einen neuen Abgrund zeigen. Ich will ihm nicht nur das sichtbare Weltall ausmalen, sondern die Unermeßlichkeit der Natur, die man im Innern dieses Bruchteils von einem Atom begreifen kann. Er möge in diesem Atom eine Unendlichkeit von Welten sehen, von denen jede ihr Firmament, ihre Planeten, ihre Erde hat und alles im gleichen Verhältnis wie die sichtbare Welt; auf dieser Erde Lebewesen und schließlich Milben, bei denen er das wiederfinden wird, was die ersten Milben ihm schon gezeigt haben; und wenn er bei den anderen Milben endlos und pausenlos das Gleiche findet, dann möge er sich in diese Wunder versenken, die in ihrer Kleinheit ebenso erstaunlich sind wie jene anderen durch ihre Weite; denn wer wird nicht darüber staunen, daß unser Leib, der eben noch im All nicht wahrnehmbar war, das wiederum im Schoße des Ganzen unwahrnehmbar war, jetzt ein Koloß ist, eine Welt oder vielmehr ein Ganzes, verglichen mit dem Nichts, zu dem man nicht gelangen kann?

Wer sich so betrachtet, wird vor sich selbst erschaudern, und wenn er sich betrachtet, wie er in der Masse, die ihm die Natur gegeben hat, zwischen diesen beiden Abgründen des Unendlichen und des Nichts hängt, wird er beim An-

[72/3] merveilles; et je crois que, sa curiosité se changeant en admiration, il sera plus disposé à les contempler en silence qu'à les rechercher avec présomption.

Car enfin qu'est-ce que l'homme dans la nature ? Un néant à l'égard de l'infini, un tout à l'égard du néant, un milieu entre rien et tout. Infiniment éloigné de comprendre les extrêmes, la fin des choses et leur principe sont pour lui invinciblement cachés dans un secret impénétrable, également incapable de voir le néant d'où il est tiré, et l'infini où il est englouti.

Que fera-t-il donc, sinon d'apercevoir [quelque] apparence du milieu des choses, dans un désespoir éternel de connaître ni leur principe ni leur fin ? Toutes choses sont sorties du néant et portées jusqu'à l'infini. Qui suivra ces étonnantes démarches ? L'auteur de ces merveilles les comprend. Tout autre ne le peut faire.

Manque d'avoir contemplé ces infinis, les hommes se sont portés témérairement à la recherche de la nature, comme s'ils avaient quelque proportion avec elle. C'est une chose étrange qu'ils ont voulu comprendre les principes des choses, et de là arriver jusqu'à connaître tout, par une présomption aussi infinie que leur objet. Car il est sans doute qu'on ne peut former ce dessein sans une présomption ou sans une capacité infinie, comme la nature.

(...)

Connaissons donc notre portée; nous sommes quelque chose, et ne sommes pas tout; ce que nous

blick dieser Wunder erzittern; und ich meine, wenn seine Neugierde in Bewunderung umschlägt, wird er eher geneigt sein, sie schweigend zu betrachten, als sie anmaßend zu erforschen.

Denn was ist schließlich der Mensch in der Natur? Ein Nichts vor dem Unendlichen, ein Alles vor dem Nichts, eine Mitte zwischen Nichts und Allem. Unendlich weit entfernt davon, die Extreme zu begreifen, sind ihm das Ende der Dinge und ihr Ursprung unüberwindlich verborgen in einem undurchdringlichen Geheimnis; er ist gleichermaßen unfähig, das Nichts zu fassen, aus dem er hervorgezogen wurde, wie das Unendliche, in das er verschlungen ist.

Was bleibt ihm also übrig, als einen Schein von der Mitte der Dinge zu erfassen, in einer ewigen Verzweiflung, weder ihren Ursprung noch ihr Ende zu erkennen? Alle Dinge sind dem Nichts entwachsen und ragen ins Unendliche hinein. Wer kann diesen erstaunlichen Schritten folgen? Der Schöpfer dieser Wunder begreift sie. Kein anderer vermag es.

Weil die Menschen es unterlassen haben, über diese Unendlichkeiten nachzudenken, machten sie sich vermessen an die Erforschung der Natur, als ob sie irgendein gleiches Maß mit ihr hätten. Es ist etwas Seltsames, daß sie den Ursprung der Dinge haben verstehen und von dort alles erkennen wollen, in einer Vermessenheit, die ebenso unendlich ist wie ihr Gegenstand. Denn es besteht kein Zweifel, daß man diesen Plan nicht fassen kann ohne eine Vermessenheit oder eine Fähigkeit, die so unendlich ist wie die Natur.

(...)

Machen wir uns also unsere Bedeutung klar; wir sind etwas und sind nicht alles; was wir an Sein haben, raubt uns

[72/4] avons d'être nous dérobe la connaissance des premiers principes, qui naissent du néant; et le peu que nous avons d'être nous cache la vue de l'infini.

Notre intelligence tient dans l'ordre des choses intelligibles le même rang que notre corps dans l'étendue de la nature.

(...)

Voilà notre état véritable; c'est ce qui nous rend incapables de savoir certainement et d'ignorer absolument. Nous voguons sur un milieu vaste, toujours incertains et flottants, poussés d'un bout vers l'autre. Quelque terme où nous pensions nous attacher et nous affermir, il branle et nous quitte; et si nous le suivons, il échappe à nos prises, nous glisse et fuit d'une fuite éternelle. Rien ne s'arrête pour nous.

C'est l'état qui nous est naturel, et toutefois le plus contraire à notre inclination; nous brûlons du désir de trouver une assiette ferme, et une dernière base constante pour y édifier une tour qui s'élève à l'infini, mais tout notre fondement craque, et la terre s'ouvre jusqu'aux abîmes.

Ne cherchons donc point d'assurance et de fermeté. Notre raison est toujours déçue par l'inconstance des apparences, rien ne peut fixer le fini entre les deux infinis, qui l'enferment et le fuient.

(...)

L'homme, par exemple, a rapport à tout ce qu'il connaît. Il a besoin de lieu pour le contenir, de temps pour durer, de mouvement pour vivre, d'éléments pour le composer, de chaleur et d'aliments

die Erkenntnis der ersten Prinzipien, die aus dem Nichts entstehen; und der geringe Anteil, den wir am Sein haben, verdeckt uns den Anblick des Unendlichen.

Unsere Einsicht steht in der Ordnung der erkennbaren Dinge auf derselben Stufe wie unser Leib in der Weite der Natur.

(...)

Das ist unser wahrer Stand im Sein; das macht uns unfähig, mit Gewißheit zu erkennen, aber auch völlig unwissend zu sein. Wir treiben auf einer unendlichen Mitte dahin, immer ungewiß und schwankend, von einem Ende zum anderen getrieben. Wo immer wir an einem Zielpunkt uns zu binden und festen Halt zu gewinnen vermeinten, schwankt er und entschwindet uns; und wenn wir ihm folgen, entzieht er sich unserem Zugriff, entgleitet uns und entflieht in einer Flucht ohne Ende. Nichts bleibt für uns stehen. Das ist der Zustand, der uns natürlich ist und dennoch zu unserer Neigung im äußersten Widerspruch steht; wir brennen vor Verlangen, einen festen Stand zu finden und ein letztes, bleibendes Fundament, um darauf einen Turm zu bauen, der ins Unendliche ragen soll; aber unser ganzes Fundament kracht zusammen, und die Erde tut sich bis zu den Abgründen auf.

Suchen wir also keinerlei Sicherheit und Festigkeit. Unsere Vernunft wird immer durch das Unbeständige der Erscheinungen getäuscht; nichts kann das Endliche zwischen den beiden Unendlichen festlegen, die es einschließen und vor ihm fliehen.

(...)

Der Mensch beispielsweise steht in Beziehung zu allem, was er erkennt. Er braucht Raum, der ihn aufnimmt, Zeit, um zu dauern, Bewegung, um zu leben, Elemente, die ihn zusammensetzen, Wärme und Nahrung, um sich zu ernähren,

[72/5] pour se nourrir, d'air pour respirer ; il voit la lumière, il sent les corps ; enfin tout tombe sous son alliance. Il faut donc, pour connaître l'homme, savoir d'où vient qu'il a besoin d'air pour subsister ; et pour connaître l'air, savoir par où il a ce rapport à la vie de l'homme. La flamme ne subsiste point sans l'air ; donc, pour connaître l'un, il faut connaître l'autre.

Donc toutes choses étant causées et causantes, aidées et aidantes, médiatement et immédiatement, et toutes s'entretenant par un lieu naturel et insensible qui lie les plus éloignées et les plus différentes, je tiens impossible de connaître les parties sans connaître le tout, non plus que de connaître le tout sans connaître particulièrement les parties.
(...)
Et ainsi, si nous [sommes] simplement matériels, nous ne pouvons rien du tout connaître, et, si nous sommes composés d'esprit et, de matière, nous ne pouvons connaître parfaitement les choses simples, spirituelles ou corporelles.
(...)
Au lieu de recevoir les idées de ces choses pures, nous les teignons de nos qualités, et empreignons [de] notre être composé toutes les choses simples que nous contemplons.

Qui ne croirait, à nous voir composer toutes choses d'esprit et de corps, que ce mélange-là nous serait très compréhensible ? C'est néanmoins la chose qu'on comprend le moins. L'homme est à lui-même le plus prodigieux objet de la nature ; car il

Luft, um zu atmen; er sieht das Licht, er fühlt die Körper; mit einem Wort, alles steht mit ihm im Bunde. Um den Menschen zu erkennen, muß man also wissen, woher es kommt, daß er Luft zum Existieren braucht; und um die Luft zu erkennen, wissen, wodurch sie diese Beziehung zum Leben des Menschen hat. Die Flamme brennt nicht ohne Luft; also muß man zur Erkenntnis des einen auch das andere erkennen. Da nun alle Dinge verursacht und verursachend sind, Hilfe erhaltend und selbst helfend, mittelbar und unmittelbar, und da alle durch ein natürliches und unmerkliches Band, das die entferntesten und verschiedensten Dinge verknüpft, miteinander zusammenhängen, halte ich es für unmöglich, die Teile zu erkennen, ohne das Ganze zu erkennen, und ebensowenig das Ganze zu erkennen, ohne im einzelnen die Teile zu erkennen.

(...)

Und wenn wir so schlechthin stofflich sind, können wir überhaupt nichts erkennen; und wenn wir aus Geist und Materie zusammengesetzt sind, können wir die einfachen Dinge nicht vollkommen erkennen, und zwar weder die geistigen noch die körperlichen.

(...)

Anstatt die Ideen von diesen Dingen rein zu empfangen, färben wir sie mit unseren Eigenschaften und prägen allen einfachen Dingen, die wir betrachten, unsere zusammengesetzte Wesenheit auf.

Wer möchte nicht meinen, wenn er sieht, wie wir alle Dinge aus Geist und Körper zusammensetzen, daß diese Mischung für uns sehr verständlich ist? Und dennoch begreift man gerade das am wenigsten. Der Mensch ist sich selbst der erstaunlichste Gegenstand der Natur; denn er kann nicht be-

[72/6] ne peut concevoir ce que c'est que corps, et encore moins ce que c'est qu'esprit, et moins qu'aucune chose comme un corps peut être uni avec un esprit. C'est là le comble de ses difficultés, et cependant c'est son propre être: *Modus quo corporibus adhaerent spiritus comprehendi ab hominibus non potest, et hoc tamen homo est.*

83 L'homme n'est qu'un sujet plein d'erreur, naturelle et ineffaçable sans la grâce. Rien ne lui montre la vérité. Tout l'abuse; ces deux principes de vérités, la raison et les sens, outre qu'ils manquent chacun de sincérité, s'abusent réciproquement l'un l'autre. Les sens abusent la raison par de fausses apparences; et cette même piperie qu'ils apportent à la raison, ils la reçoivent d'elle à leur tour; elle s'en revanche. Les passions de l'âme troublent les sens, et leur font des impressions fausses. Ils mentent et se trompent à l'envi.

100 *Amour-propre.* — La nature de l'amour-propre et de ce moi humain est de n'aimer que soi et de ne considérer que soi. Mais que fera-t-il? Il ne saurait empêcher que cet objet qu'il aime ne soit plein de défauts et de misères: il veut être grand, et il se voit petit; il veut être heureux, et il se voit misérable; il veut être parfait, et il se voit plein d'imperfections; il veut être l'objet de l'amour et de l'estime des hommes, et il voit que ses défauts ne méritent que leur aversion et leur mépris. Cet embarras où il se trouve produit en lui la plus in-

greifen, was Körper, und noch weniger, was Geist ist, und am allerwenigsten, wie ein Körper mit einem Geist verbunden sein kann. Das ist der Gipfel seiner Schwierigkeiten, und doch ist gerade das sein eigenes Wesen: *Die Weise, wie der Geist mit dem Körper verbunden ist, kann vom Menschen nicht verstanden werden, und dennoch ist gerade das der Mensch.*

Der Mensch ist nichts als ein Wesen voller Irrtum, welcher zur Natur des Menschen gehört und ohne die Gnade unaustilgbar ist. Nichts zeigt ihm die Wahrheit. Alles täuscht ihn; jedem dieser beiden Mittel der Erkenntnis, der Vernunft und den Sinnen, fehlt nicht nur die Aufrichtigkeit, sondern sie betrügen einander auch noch gegenseitig. Die Sinne täuschen die Vernunft durch falschen Schein; und den gleichen Betrug, den sie der Vernunft antun, müssen sie sich ihrerseits von ihr gefallen lassen; sie rächt sich an ihnen. Die Leidenschaften der Seele trüben die Sinne und vermitteln ihnen falsche Eindrücke. Sie lügen und betrügen sich um die Wette.

Selbstbezogenheit. — Es ist die Natur der Selbstbezogenheit und dieses menschlichen Ich, nur sich selbst zu lieben und nur sich selbst zu betrachten. Aber was soll der Mensch tun? Er kann nicht verhindern, daß dieser Gegenstand, den er liebt, voller Fehler und Erbärmlichkeiten ist: er möchte gerne groß sein und findet sich klein; er möchte gerne glücklich sein und findet sich unglücklich; er möchte vollkommen sein und entdeckt an sich zahllose Unvollkommenheiten; er möchte der Gegenstand der Liebe und der Achtung der Menschen sein, und er sieht, daß seine Fehler nur ihre Abneigung und ihre Verachtung verdienen. Diese Verlegenheit, in der er

[100/2] juste et la plus criminelle passion qu'il soit possible de s'imaginer; car il conçoit une haine mortelle contre cette vérité qui le reprend, et qui le convainc de ses défauts. Il désirerait de l'anéantir, et, ne pouvant la détruire en elle-même, il la détruit, autant qu'il peut, dans sa connaissance et dans celle des autres; c'est-à-dire qu'il met tout son soin à couvrir ses défauts et aux autres et à soi-même, et qu'il ne peut souffrir qu'on les lui fasse voir, ni qu'on les voie.

C'est sans doute un mal que d'être plein de défauts; mais c'est encore un plus grand mal que d'en être plein et de ne les vouloir pas reconnaître, puisque c'est y ajouter encore celui d'une illusion volontaire. Nous ne voulons pas que les autres nous trompent; nous ne trouvons pas juste qu'ils veuillent être estimés de nous plus qu'ils ne méritent : il n'est donc pas juste aussi que nous les trompions et que nous voulions qu'ils nous estiment plus que nous ne méritons.

(...) Ainsi la vie humaine n'est qu'une illusion perpétuelle; on ne fait que s'entre-tromper et s'entre-flatter. Personne ne parle de nous en notre présence comme il en parle en notre absence. L'union qui est entre les hommes n'est fondée que sur cette mutuelle tromperie; et peu d'amitiés subsisteraient, si chacun savait ce que son ami dit de lui lorsqu'il n'y est pas, quoiqu'il en parle alors sincèrement et sans passion.

L'homme n'est donc que déguisement, que mensonge et hypocrisie, et en soi-même et à l'égard des

sich befindet, läßt in ihm die ungerechteste und verbrecherischste Leidenschaft entstehen, die man sich nur denken kann; denn er faßt einen tödlichen Haß gegen diese Wahrheit, die ihn rügt und ihn seiner Fehler überführt. Er möchte sie zunichte machen, und da er sie nicht in ihr selbst zerstören kann, zerstört er sie, soweit er kann, in seinem Bewußtsein und in dem Bewußtsein der anderen; das heißt, er wendet seine ganze Mühe auf, seine Fehler vor den anderen und vor sich selbst zu verdecken, und er kann es nicht ertragen, daß man sie ihm vorweist oder daß man sie bemerkt.

Es ist zweifellos ein Übel, voller Fehler zu sein; aber es ist ein noch größeres Übel, es zu sein und sie dabei nicht wahrhaben zu wollen, da man sie ja noch durch den Fehler einer selbstgewollten Illusion vergrößert.

Wir wollen nicht, daß die anderen uns betrügen; wir finden es nicht recht, daß sie von uns höher geachtet werden wollen, als sie es verdienen; es ist darum auch nicht recht, daß wir sie betrügen und daß wir wollen, sie sollen uns höher achten, als wir es verdienen.

(...) So ist das Leben des Menschen nur ein Trug ohne Ende; man tut nichts anderes, als sich gegenseitig zu betrügen und sich gegenseitig zu schmeicheln. Niemand spricht in unserer Gegenwart so von uns, wie er es tut, wenn wir nicht da sind. Die Gemeinschaft zwischen den Menschen ist nur auf diesen gegenseitigen Betrug gegründet; und wenige Freundschaften hätten Bestand, wenn jeder wüßte, was sein Freund von ihm sagt, wenn er nicht dabei ist, auch wenn er dann aufrichtig und leidenschaftslos von ihm spricht.

Der Mensch ist also nur Verstellung, nur Lüge und Heuchelei, sowohl in seinem Innern wie vor den anderen. Er will

[100/3] autres. Il ne veut pas qu'on lui dise la vérité, il évite de la dire aux autres; et toutes ces dispositions, si éloignées de la justice et de la raison, ont une racine naturelle dans son cœur.

119 La nature s'imite: une graine, jetée en bonne terre, produit; un principe, jeté dans un bon esprit, produit; les nombres imitent l'espace, qui sont de nature si différente.

Tout est fait et conduit par un même maître: la racine, les branches, les fruits; les principes, les conséquences.

127 Condition de l'homme: inconstance, ennui, inquiétude.

131 *Ennui.* — Rien n'est si insupportable à l'homme que d'être dans un plein repos, sans passions, sans affaire, sans divertissement, sans application. Il sent alors son néant, son abandon, son insuffisance, sa dépendance, son impuissance, son vide. Incontinent il sortira du fond de son âme l'ennui, la noirceur, la tristesse, le chagrin, le dépit, le désespoir.

135 Rien ne nous plaît que le combat, mais non pas la victoire: on aime à voir les combats des animaux, non le vainqueur acharné sur le vaincu; que voulait-on voir, sinon la fin de la victoire? Et dès qu'elle arrive, on en est saoul. Ainsi dans le jeu. Ainsi, dans la recherche de la vérité, on aime à

nicht, daß man ihm die Wahrheit sagt, er vermeidet es, sie den anderen zu sagen; und alle diese Neigungen, die von der Gerechtigkeit und der Vernunft so weit entfernt sind, haben ihre natürliche Wurzel in seinem Herzen.

Die Natur ahmt sich selbst nach: ein Samenkorn, das in gutes Erdreich gesät wird, bringt Frucht; ein Grundsatz, der in einen rechten Geist gesenkt wird, bringt Frucht; die Zahlen ahmen den Raum nach, von dem sie an sich so verschieden sind.
  Alles wird von einem gleichen Meister geschaffen und geleitet: die Wurzel, die Zweige, die Früchte; die Grundsätze und die Folgerungen.

Der Mensch, so wie er ist: Unbeständigkeit, Langeweile, Unruhe.

Langeweile. — Nichts ist für den Menschen so unerträglich, wie in vollkommener Ruhe zu sein, ohne Leidenschaften, ohne Beschäftigung, ohne Ablenkung, ohne Aufgabe. Dann spürt er sein Nichts, seine Verlassenheit, seine Unzulänglichkeit, seine Abhängigkeit, seine Ohnmacht, seine Leere. Unverzüglich wird aus dem Grunde seiner Seele Langeweile aufsteigen, Niedergeschlagenheit, Traurigkeit, Kummer, Verdruß und Verzweiflung.

Nur der Kampf macht uns Vergnügen, nicht aber der Sieg: man sieht sich gern die Kämpfe der Tiere an, nicht aber den Sieger, der sich auf den Besiegten stürzt; wollte man anderes sehen als das Ende des Sieges? Und sobald es da ist, ist man seiner überdrüssig. Ebenso ist es im Spiel. Ebenso auf der Suche nach Wahrheit: bei den Auseinandersetzungen

[135/2] voir, dans les disputes, le combat des opinions; mais, de contempler la vérité trouvée, point du tout; pour la faire remarquer avec plaisir, il faut la faire voir naître de la dispute. De même, dans les passions, il y a du plaisir à voir deux contraires se heurter; mais, quand l'une est maîtresse, ce n'est plus que brutalité.

Nous ne cherchons jamais les choses, mais la recherche des choses. Ainsi, dans les comédies, les scènes contentes sans crainte ne valent rien, ni les extrêmes misères sans espérance, ni les amours brutaux, ni les sévérités âpres.

139 *Divertissement.* — Quand je m'y suis mis quelquefois, à considérer les diverses agitations des hommes, et les périls et les peines où ils s'exposent, dans la cour, dans la guerre, d'où naissent tant de querelles, de passions, d'entreprises hardies et souvent mauvaises, etc., j'ai découvert que tout le malheur des hommes vient d'une seule chose, qui est de ne savoir pas demeurer en repos, dans une chambre. Un homme qui a assez de bien pour vivre, s'il savait demeurer chez soi avec plaisir, n'en sortirait pas pour aller sur la mer ou au siège d'une place. On n'achètera une charge à l'armée si cher, que parce qu'on trouverait insupportable de ne bouger de la ville; et on ne recherche les conversations et les divertissements des jeux que parce qu'on ne peut demeurer chez soi avec plaisir.

(...)

liebt man den Kampf der Meinungen, keineswegs jedoch, sich in die gefundene Wahrheit zu versenken; um zu erreichen, daß sie mit Freude beachtet wird, muß man zeigen, wie sie aus der Auseinandersetzung hervorgeht. Mit den Leidenschaften ist es nicht anders; es bereitet Vergnügen zu sehen, wie zwei entgegengesetzte Leidenschaften aneinander geraten. Wenn aber eine von beiden über die andere herrscht, dann ist das nur noch rohe Gewalt. Wir trachten niemals nach den Dingen, sondern bemühen uns um die Suche nach ihnen. In gleicher Weise sind bei den Schauspielen die ruhigen Szenen ohne Furcht nichts wert, auch nicht die Darstellung der hoffnungslosen Situation des Elends, noch die brutale Liebe, noch die unerbittliche Strenge.

Ablenkung. — Wenn ich mich manchmal damit beschäftigt habe, die mannigfache Unruhe der Menschen zu betrachten, die Gefahren und die Mühsal, denen sie sich bei Hofe und im Kriege aussetzen, aus denen so viele Streitigkeiten, Leidenschaften, kühne und oft auch bösartige Unternehmungen und manches andere entstehen, so habe ich die Entdeckung gemacht, daß das ganze Unglück der Menschen aus einer einzigen Wurzel stammt: sie können nicht ruhig in einem Zimmer bleiben.

       Niemand, der genug zum Leben hat, würde sich aufmachen, um auf See zu fahren oder eine Festung zu belagern, wenn er es verstünde, gern zu Hause zu bleiben. Man wird einen Rang im Heer nur teuer bezahlen, weil man es unerträglich findet, nicht aus der Stadt herauszukommen; und Unterhaltungen und Ablenkungen durch Spiele sucht man nur, weil man nicht freudig zu Hause bleiben kann.

(...)

[139/2] De là vient que le jeu et la conversation des femmes, la guerre, les grands emplois sont si recherchés. Ce n'est pas qu'il y ait en effet du bonheur, ni qu'on s'imagine que la vraie béatitude soit d'avoir l'argent qu'on peut gagner au jeu, ou dans le lièvre qu'on court : on n'en voudrait pas s'il était offert. Ce n'est pas cet usage mol et paisible, et qui nous laisse penser à notre malheureuse condition, qu'on recherche,

        ni les dangers de la guerre, ni la peine des emplois, mais c'est le tracas qui nous détourne d'y penser et nous divertit.

Raison pourquoi on aime mieux la chasse que la prise.

De là vient que les hommes aiment tant le bruit et le remuement; de là vient que la prison est un supplice si horrible; de là vient que le plaisir de la solitude est une chose incompréhensible. Et c'est enfin le plus grand sujet de félicité de la condition des rois, de [ce] qu'on essaie sans cesse à les divertir et à leur procurer toutes sortes de plaisirs.

(...)

Ils ont un instinct secret qui les porte à chercher le divertissement et l'occupation au dehors, qui vient du ressentiment de leurs misères continuelles; et ils ont un autre instinct secret, qui reste de la grandeur de notre première nature, qui leur fait connaître que le bonheur n'est en effet que dans le repos, et non pas dans le tumulte; et de ces deux instincts contraires, il se forme en eux un projet confus, qui se cache à leur vue dans le fond de leur

Deshalb sind Spiel und Unterhaltung mit Frauen, Krieg und hohe Ämter so begehrt. Nicht etwa deshalb, weil hier wirklich das Glück liegt oder weil man sich einbildet, die wahre Glückseligkeit bestehe darin, Geld zu haben, das man im Spiel gewinnen kann, oder bei einer Hasenjagd: man würde dies alles nicht haben wollen, wenn man es als Geschenk bekäme. Nicht nach dem bequemen und geruhsamen Umgang mit den Dingen, der uns nur an unser unglückliches Menschsein denken läßt, trachten wir, auch nicht nach den Gefahren im Kriege oder nach der Mühsal der Ämter, sondern nach dem ganzen Umtrieb, der uns hindert, an unsere Lage zu denken und uns ablenkt.

Hier liegt der Grund dafür, daß man die Jagd dem Fang vorzieht.

So kommt es, daß die Menschen den Lärm und das Getriebe so schätzen; so kommt es, daß das Gefängnis eine so schreckliche Strafe ist; so kommt es, daß die Freude an der Einsamkeit etwas Unbegreifliches ist. So besteht schließlich das größte Glück der Stellung der Könige darin, daß man unaufhörlich bemüht ist, sie abzulenken und ihnen jede Art von Vergnügen zu verschaffen.

(...)

Die Menschen haben einen verborgenen Stachel, der sie dazu treibt, nach Ablenkung und Beschäftigung außen zu suchen; dieser Stachel kommt aus dem schmerzlichen Gefühl ihres unaufhörlichen Elends; sie haben noch einen anderen geheimen Stachel, der von der Größe unserer ursprünglichen Natur verblieben ist; er läßt sie erkennen, daß das Glück wirklich nur in der Ruhe liegt und keineswegs im Lärm; und aus diesen beiden entgegengesetzten Regungen bildet sich bei ihnen ein unklares Vorhaben, das im Grunde ihrer

[139/3] âme, qui les porte à tendre au repos par l'agitation, et à se figurer toujours que la satisfaction qu'ils n'ont point leur arrivera, si, en surmontant quelques difficultés qu'ils envisagent, ils peuvent s'ouvrir par là la porte au repos.

Ainsi s'écoule toute la vie. On cherche le repos en combattant quelques obstacles; et si on les a surmontés, le repos devient insupportable; car, ou l'on pense aux misères qu'on a, ou à celles qui nous menacent. Et quand on se verrait même assez à l'abri de toutes parts, l'ennui, de son autorité privée, ne laisserait pas de sortir au fond du cœur, où il a des racines naturelles, et de remplir l'esprit de son venin.

Ainsi l'homme est si malheureux, qu'il s'ennuierait même sans aucune cause d'ennui, par l'état propre de sa complexion; et il est si vain, qu'étant plein de mille causes essentielles d'ennui, la moindre chose, comme un billard et une balle qu'il pousse, suffisent pour le divertir. (...)

140 Cet homme si affligé de la mort de sa femme et de son fils unique, qui a cette grande querelle qui le tourmente, d'où vient qu'à ce moment il n'est pas triste, et qu'on le voit si exempt de toutes ces pensées pénibles et inquiétantes?

Il ne faut pas s'en étonner; on vient de lui servir une balle, et il faut qu'il la rejette à son compagnon, il est occupé à la prendre à la chute du toit, pour gagner une chasse; comment voulez-vous qu'il pense à ses af-

Seele sich ihrem eigenen Auge entzieht; es treibt sie, über den Weg der Unruhe nach Ruhe zu streben und sich immer einzubilden, die fehlende Befriedigung werde sich einstellen, wenn sie sich nach Überwindung mancher Schwierigkeiten, die sie vor sich sehen, dadurch das Tor zur Ruhe aufstoßen können.

So verrinnt das ganze Leben. Man strebt nach Ruhe, indem man manche Widerstände bekämpft; und wenn man sie überwunden hat, wird die Ruhe unerträglich; denn man denkt entweder an die Nöte, die man hat, oder an die drohende Not. Und selbst wenn man sich nach allen Seiten hin in Geborgenheit wüßte, würde die Langeweile aus eigenem Antrieb vom Grunde des Herzens unaufhörlich aufsteigen, wo sie ja ihre natürlichen Wurzeln hat, und den Geist mit ihrem Gift anfüllen.

So unglücklich ist also der Mensch, daß er sich sogar ohne einen Grund zur Langeweile langweilen würde, allein durch die Anlage seines Temperaments; und so leer ist er, daß etwas ganz Geringes wie eine Billardkugel oder das Spiel mit einem Ball hinreicht, um ihn abzulenken, wenn er auch tausend wesentliche Gründe zur Langeweile in seinem Herzen hat. (...)

Dieser Mensch, der so betrübt ist über den Tod seiner Frau und seines einzigen Sohnes und der einen großen Prozeß hat, der ihn quält — wie kommt es eigentlich, daß er in diesem Augenblick nicht traurig ist und daß man ihn so frei von allen drückenden und sorgenvollen Gedanken sieht? Man braucht sich darüber nicht zu wundern; man hat ihm gerade einen Ball zugespielt, und er muß ihn seinem Partner zurückwerfen; um eine Partie zu gewinnen, ist er damit beschäftigt, ihn aufzufangen, wenn er vom Dach herunterfällt; wie soll er da wohl an seine eigenen Angelegenheiten den-

[140/2] faires, ayant cette autre affaire à manier? Voilà un soin digne d'occuper cette grande âme, et de lui ôter toute autre pensée de l'esprit. Cet homme, né pour connaître l'univers, pour juger de toutes choses, pour régir tout un État, le voilà occupé et tout rempli du soin de prendre un lièvre. Et s'il ne s'abaisse à cela et veuille toujours être tendu, il n'en sera que plus sot, parce qu'il voudra s'élever au-dessus de l'humanité, et il n'est qu'un homme, au bout du compte, c'est-à-dire capable de peu et de beaucoup, de tout et de rien : il est ni ange ni bête, mais homme.

144 J'avais passé longtemps dans l'étude des sciences abstraites; et le peu de communication qu'on en peut avoir m'en avait dégoûté. Quand j'ai commencé l'étude de l'homme, j'ai vu que ces sciences abstraites ne sont pas propres à l'homme, et que je m'égarais plus de ma condition en y pénétrant que les autres en les ignorant.

J'ai pardonné aux autres d'y peu savoir. Mais j'ai cru trouver au moins bien des compagnons en l'étude de l'homme, et que c'est la vraie étude qui lui est propre. J'ai été trompé; il y en a encore moins qui l'étudient que la géométrie.

Ce n'est que manque de savoir étudier cela qu'on cherche le reste; mais n'est-ce pas que ce n'est pas encore là la science que l'homme doit avoir, et qu'il lui est meilleur de s'ignorer pour être heureux?

ken, wenn er anderes zu betreiben hat? Das ist eine Sorge, würdig, diese große Seele zu beschäftigen und ihr jeden anderen Gedanken zu vertreiben. Da ist dieser Mensch, dazu geschaffen, das Weltall zu erkennen, Richter über alle Dinge zu sein, einen ganzen Staat zu lenken — und er ist damit beschäftigt und ganz von der Sorge erfüllt, einen Hasen zu erjagen. Und wenn er sich nicht dazu herabläßt und immer in Spannung leben möchte, wäre er nur noch törichter, weil er sich dann ja über das Menschsein hinaus erheben will; und schließlich ist er doch nur ein Mensch, das heißt, zu wenigem und zu vielem befähigt, zu allem oder zu nichts: er ist weder Engel noch Tier, sondern Mensch.

Ich hatte lange Zeit mit dem Studium der abstrakten Wissenschaften zugebracht; aber der geringe Austausch, der sich für einen daraus ergibt, hatte es mir verleidet. Als ich nun begann, mich mit dem Menschen zu beschäftigen, erkannte ich, daß diese abstrakten Wissenschaften dem Menschen nicht angemessen sind und daß ich mich durch mein tieferes Eindringen in dieses Gebiet noch weiter von meinem wahren Menschsein entfernte als die anderen in ihrer Unwissenheit. Das geringe Wissen habe ich den anderen verziehen. Aber ich habe gehofft, wenigstens beim Studium des Menschen manchen Gefährten zu finden, und gemeint, diese Beschäftigung sei wirklich dem Menschen angemessen. Ich wurde enttäuscht; noch weniger Menschen beschäftigen sich mit dem Menschen als mit der Mathematik. Nur weil man nicht den Menschen zu studieren versteht, trachtet man nach dem übrigen; aber liegt der Grund nicht darin, daß auch das noch nicht das Wissen ist, das der Mensch haben sollte, und daß es für ihn besser ist, sich nicht zu kennen, wenn er glücklich sein will?

146 L'homme est visiblement fait pour penser; c'est toute sa dignité et tout son mérite; et tout son devoir est de penser comme il faut. Or l'ordre de la pensée est de commencer par soi, et par son auteur et sa fin.

Or à quoi pense le monde? Jamais à cela; mais à danser, à jouer du luth, à chanter, à faire des vers, à courir la bague, etc., à se battre, à se faire roi, sans penser à ce que c'est qu'être roi, et qu'être homme.

148 Nous sommes si présomptueux, que nous voudrions être connus de toute la terre, et même des gens qui viendront quand nous ne serons plus; et nous sommes si vains, que l'estime de cinq ou six personnes qui nous environnent, nous amuse et nous contente.

150 La vanité est si ancrée dans le cœur de l'homme, qu'un soldat, un goujat, un cuisinier, un crocheteur se vante et veut avoir ses admirateurs; et les philosophes mêmes en veulent; et ceux qui écrivent contre veulent avoir la gloire d'avoir bien écrit; et ceux qui les lisent veulent avoir la gloire de les avoir lus; et moi qui écris ceci, ai peut-être cette envie; et peut-être que ceux qui le liront...

152 *Orgueil.* — Curiosité n'est que vanité. Le plus souvent on ne veut savoir que pour en parler. Autrement on ne voyagerait pas sur la mer, pour ne

Der Mensch ist offenbar zum Denken geschaffen; darin liegt seine ganze Würde und sein ganzes Verdienst; und seine ganze Pflicht besteht darin, so zu denken, wie es richtig ist. Nun fordert es die Ordnung des Denkens, bei sich selbst zu beginnen, bei seinem Schöpfer und seiner Bestimmung.

Woran denkt nun aber die Welt? Niemals daran, sondern ans Tanzen und Lautespielen, ans Singen und Versemachen, ans Ringrennen und an manches andere, ans Kämpfen und daran, die Rolle des Königs zu spielen, ohne daran zu denken, was es heißt, König zu sein und Mensch zu sein.

Wir sind so aufgeblasen, daß wir gerne auf der ganzen Welt bekannt sein wollen und sogar bei Leuten, die erst leben werden, wenn wir nicht mehr existieren; und wir sind so eitel, daß die Achtung von fünf oder sechs Menschen, die um uns herum sind, uns behagt und zufriedenstellt.

Die Eitelkeit sitzt so tief im Herzen des Menschen, daß ein Soldat, ein Troßknecht, ein Koch oder ein Gepäckträger sich aufbläst und seine Bewunderer haben will; und sogar die Philosophen wollen welche haben; und Leute, die dagegen schreiben, beanspruchen den Ruhm, gut geschrieben zu haben; und Leute, die sie wiederum lesen, beanspruchen den Ruhm, sie gelesen zu haben; und ich, der ich das schreibe, habe vielleicht auch diesen Wunsch; und vielleicht auch Leute, die es lesen werden ...

Stolz. — Neugierde ist nur Eitelkeit. Man will meistens nur etwas erfahren, um darüber zu reden. Man würde nicht über das Meer fahren, wenn man niemals darüber reden könnte,

[152/2] jamais en rien dire, et pour le seul plaisir de voir, sans espérance d'en jamais communiquer.

162 Qui voudra connaître à plein la vanité de l'homme n'a qu'à considérer les causes et les effets de l'amour. La cause en est *un je ne sais quoi* (Corneille), et les effets en sont effroyables. Ce *je ne sais quoi*, si peu de chose qu'on ne peut le reconnaître, remue toute la terre, les princes, les armes, le monde entier.

Le nez de Cléopâtre : s'il eût été plus court, toute la face de la terre aurait changé.

172 Nous ne nous tenons jamais au temps présent. Nous anticipons l'avenir comme trop lent à venir, comme pour hâter son cours ; ou nous rappelons le passé, pour l'arrêter comme trop prompt : si imprudents, que nous errons dans les temps qui ne sont pas nôtres, et ne pensons point au seul qui nous appartient ; et si vains, que nous songeons à ceux qui ne sont plus rien, et échappons sans réflexion le seul qui subsiste.

C'est que le présent, d'ordinaire, nous blesse. Nous le cachons à notre vue, parce qu'il nous afflige ; et s'il nous est agréable, nous regrettons de le voir échapper. Nous tâchons de le soutenir par l'avenir, et pensons à disposer les choses qui ne sont pas en notre puissance, pour un temps où nous n'avons aucune assurance d'arriver.

Que chacun examine ses pensées, il les trouvera toutes occupées au passé et à l'avenir. Nous ne pen-

allein aus Freude am Sehen und ohne Aussicht, jemals darüber etwas berichten zu können.

Wer die Eitelkeit des Menschen vollkommen kennenlernen will, braucht nur die Ursachen und die Wirkungen der Liebe zu betrachten. Ihre Ursache ist etwas Undefinierbares (Corneille), und ihre Wirkungen sind erschreckend. Dieses Undefinierbare, etwas so Geringfügiges, daß man es nicht erkennen kann, setzt die ganze Erde, die Fürsten, die Waffen und die gesamte Welt in Bewegung.

Die Nase der Kleopatra: wäre sie kürzer gewesen, sähe das ganze Antlitz der Erde anders aus.

Wir halten uns niemals an die Gegenwart. Wir nehmen die Zukunft vorweg, gleichsam als käme sie zu langsam, als wollten wir ihr Kommen beschleunigen; oder wir rufen die Vergangenheit zurück, um sie festzuhalten, als ginge sie zu rasch von dannen: so unklug sind wir, daß wir zwischen den Zeiten herumirren, die nicht unsere sind, und an die einzige Zeit überhaupt nicht denken, die uns gehört; und so eitel sind wir, daß wir jenen Zeiten nachsinnen, die nichts mehr bedeuten, und damit unüberlegt der einzigen Zeit davonlaufen, die noch besteht. Gewöhnlich nämlich bedrückt uns das Gegenwärtige. Wir verbergen es vor unserem Blick, weil es uns betrübt; und wenn es uns angenehm ist, bedauern wir, es entschwinden zu sehen. Wir versuchen, es über den Weg der Zukunft zu erhalten, und wir meinen, die Dinge, die nicht in unserer Macht stehen, doch auf eine Zeit hin zu ordnen, von der wir nicht bestimmt wissen, ob wir sie erleben.

Jeder prüfe einmal seine Gedanken; er wird feststellen, daß sie alle mit der Vergangenheit und mit der Zukunft be-

[172/2] sons presque point au présent ; et, si nous y pensons, ce n'est que pour en prendre la lumière pour disposer de l'avenir. Le présent n'est jamais notre fin : le passé et le présent sont nos moyens ; le seul avenir est notre fin. Ainsi nous ne vivons jamais, mais nous espérons de vivre ; et, nous disposant toujours à être heureux, il est inévitable que nous ne le soyons jamais.

199 Qu'on s'imagine un nombre d'hommes dans les chaînes, et tous condamnés à la mort, dont les uns étant chaque jour égorgés à la vue des autres, ceux qui restent voient leur propre condition dans celle de leurs semblables, et, se regardant les uns et les autres avec douleur et sans espérance, attendent à leur tour. C'est l'image de la condition des hommes.

205 Quand je considère la petite durée de ma vie, absorbée dans l'éternité précédant et suivant, le petit espace que je remplis et même que je vois, abîmé dans l'infinie immensité des espaces que j'ignore et qui m'ignorent, je m'effraie et m'étonne de me voir ici plutôt que là, car il n'y a point de raison pourquoi ici plutôt que là, pourquoi à présent plutôt que lors. Qui m'y a mis ? Par l'ordre et la conduite de qui ce lieu et ce temps a-t-il été destiné à moi ? *Memoria hospitis unius diei praetereuntis.*

206 Le silence éternel de ces espaces infinis m'effraie.

schäftigt sind. An das Gegenwärtige denken wir fast überhaupt nicht; und wir denken eigentlich nur daran, um daraus die Einsicht zu gewinnen, wie man die Zukunft einrichten kann. Das Gegenwärtige ist niemals unser Ziel: Vergangenheit und Gegenwart sind nur unsere Mittel; allein das Zukünftige ist unser Ziel. Daher leben wir niemals, sondern wir hoffen nur zu leben; und weil wir uns immer auf ein kommendes Glück hin einrichten, ist es unvermeidlich, daß wir niemals glücklich sind.

Man stelle sich eine Anzahl von Menschen vor, in Ketten und alle zum Tode verurteilt, von denen einige täglich vor den Augen der anderen erdrosselt werden; die verbleiben, erleben ihr eigenes Leben in dem Leben ihrer Mitgefangenen, und sie warten, wenn sie sich gegenseitig ansehen, voll Schmerz und ohne Hoffnung, bis die Reihe an sie kommt. Das ist das Bild vom Menschsein der Menschen.

Wenn ich die kurze Dauer meines Lebens betrachte, verschlungen in die Ewigkeit, die ihm vorausgeht und folgt, den kleinen Raum, den ich ausfülle, und selbst jenen, den ich erblicke, der in der grenzenlosen Weite der Räume versinkt, von denen ich nichts weiß und die von mir nichts wissen, dann erschrecke ich und wundere mich darüber, daß ich mich eher hier als dort erlebe; denn es gibt keinen Grund, warum ich eher hier bin als dort, warum eher jetzt als früher einmal. Wer hat mich dahin gestellt? Durch wessen Anordnung und Führung ist dieser Ort und diese Zeit für mich bestimmt? *Wie die Erinnerung an einen Gast, der nur einen Tag bleibt.*

Vor dem ewigen Schweigen dieser endlosen Räume faßt mich Entsetzen.

229 (…) Je regarde de toutes parts, et je ne vois partout qu'obscurité. La nature ne m'offre rien qui ne soit matière de doute et d'inquiétude. Si je n'y voyais rien qui marquât une Divinité, je me déterminerais à la négative; si je voyais partout les marques d'un Créateur, je reposerais en paix dans la foi. Mais, voyant trop pour nier et trop peu pour m'assurer, je suis dans un état à plaindre, et où j'ai souhaité cent fois que, si un Dieu la soutient, elle le marquât sans équivoque; et que, si les marques qu'elle en donne sont trompeuses, elle les supprimât tout à fait; qu'elle dît tout ou rien, afin que je visse quel parti je dois suivre.

Au lieu qu'en l'état où je suis, ignorant ce que je suis et ce que je dois faire, je ne connais ni ma condition, ni mon devoir. Mon cœur tend tout entier à connaître où est le vrai bien, pour le suivre; rien ne me serait trop cher pour l'éternité.

Je porte envie à ceux que je vois dans la foi vivre avec tant de négligence, et qui usent si mal d'un don duquel il me semble que je ferais un usage si différent.

233 *Infini — rien.* — Notre âme est jetée dans le corps, où elle trouve nombre, temps, dimensions. Elle raisonne les dessus, et appelle cela nature, nécessité, et ne peut croire autre chose.

L'unité jointe à l'infini ne l'augmente de rien, non plus qu'un pied à une mesure infinie. Le fini s'anéantit en présence de l'infini, et devient un pur

(...) Ich blicke nach allen Seiten und sehe ringsum nur Dunkelheit. Die Natur bietet mir nichts, was nicht Anlaß zu Zweifel und Unruhe wäre. Wenn ich nichts in ihr sähe, das auf eine Gottheit hindeutet, würde ich mich zur Leugnung entscheiden; wenn ich überall die Spuren eines Schöpfers sähe, würde ich voller Frieden im Glauben ruhen. Da ich aber zu viel sehe, um zu leugnen, und zu wenig, um gewiß zu sein, bin ich in einem beklagenswerten Zustand, in dem ich hundertmal gewünscht habe, daß, wenn ein Gott die Natur wirklich trägt, sie ihn unmißverständlich auch zu erkennen geben soll; und daß, wenn die Spuren, die die Natur von ihm gibt, trügerisch sind, sie diese vollkommen fortlassen möge; daß sie alles oder nichts sagt, damit ich sehe, welcher Richtung ich folgen soll. Statt dessen weiß ich aber in dem Zustand, in dem ich mich befinde, nicht, was ich bin und was ich tun soll; ich kenne weder meine Bestimmung noch meine Pflicht. Mein ganzes Herz sehnt sich zu erkennen, wo das wahre Gut liegt, damit es ihm folgen kann; nichts wäre mir zu teuer für die Ewigkeit.

Ich beneide diejenigen, die ich mit solcher Gleichgültigkeit im Glauben leben sehe und die so schlecht eine Gabe nützen, von der ich meine, daß ich von ihr einen ganz anderen Gebrauch machen würde.

Unendlich – Nichts. – Unser Geist ist in den Körper geworfen, wo er Zahl, Zeit und Ausdehnung findet. Er denkt darüber nach und nennt es Natur, Notwendigkeit und kann nichts anderes glauben.

Die Einheit, die zum Unendlichen hinzutritt, vermehrt es um nichts, so wenig wie ein Fuß ein Maß ohne Ende vermehrt. Das Endliche wird vor dem Unendlichen zunichte

[233/2] néant. Ainsi notre esprit devant Dieu; ainsi notre justice devant la justice divine.

Il n'y a pas si grande disproportion entre notre justice et celle de Dieu, qu'entre l'unité et l'infini.

Il faut que la justice de Dieu soit énorme comme sa miséricorde. Or, la justice envers les réprouvés est moins énorme et doit moins choquer que la miséricorde envers les élus.

(...)

S'il y a un Dieu, il est infiniment incompréhensible, puisque, n'ayant ni parties ni bornes, il n'a nul rapport avec nous. Nous sommes donc incapables de connaître ni ce qu'il est, ni s'il est. Cela étant, qui osera entreprendre de résoudre cette question? Ce n'est pas nous, qui n'avons aucun rapport à lui.

Qui blâmera donc les chrétiens de ne pouvoir rendre raison de leur créance, eux qui professent une religion dont ils ne peuvent rendre raison? Ils déclarent, en l'exposant au monde, que c'est une sottise, *stultitiam*; et puis, vous vous plaignez de ce qu'ils ne la prouvent pas! S'ils la prouvaient, ils ne tiendraient pas parole: c'est en manquant de preuves qu'ils ne manquent pas de sens. —

« Oui; mais encore que cela excuse ceux qui l'offrent telle, et que cela les ôte de blâme de la produire sans raison, cela n'excuse pas ceux qui la reçoivent.» — Examinons donc ce point, et disons: *Dieu est, ou il n'est pas*. Mais de quel côté pencherons-nous? La raison

und wird zu einem reinen Nichts. Ebenso unser Geist vor Gott und ebenso unsere Gerechtigkeit vor der göttlichen Gerechtigkeit. Zwischen unserer Gerechtigkeit und Gottes Gerechtigkeit besteht kein so großes Mißverhältnis wie zwischen der Einheit und dem Unendlichen.

Gottes Gerechtigkeit muß über alle Maßen hinaus groß sein wie sein Erbarmen. Die Gerechtigkeit gegenüber den Verdammten ist nicht in gleicher Weise unermeßlich und soll weniger erschüttern als das Erbarmen mit den Auserwählten.

(...)

Wenn es einen Gott gibt, ist er unendlich unbegreifbar; denn da er weder Teile noch Grenzen hat, besteht auch zwischen ihm und uns keine Gemeinsamkeit. Wir sind also unfähig zu erkennen, was er ist und ob er ist. Wer würde unter diesen Umständen wagen, diese Frage zu lösen? Wir wohl nicht; denn zwischen ihm und uns besteht nichts Gemeinsames.

Wer wollte also den Christen einen Vorwurf machen, wenn sie über ihren Glauben keine Rechenschaft ablegen können, da sie ja einen Glauben bekennen, den sie nicht begründen können? Sie erklären, wenn sie ihn der Welt darlegen, daß er eine Torheit sei: *stultitia* (1. Kor. 3, 19); und dann beklagen Sie sich darüber, daß sie ihn nicht beweisen! Wenn sie ihn bewiesen, hielten sie nicht Wort: wenn es ihnen auch an Beweisen fehlt, so fehlt es ihnen doch nicht an Verstand. — „Ja; wenn das auch jene entschuldigt, die einen solchen Glauben zeigen und sie vom Vorwurf entlastet, daß sie keine Vernunftgründe für ihn vorbringen, so entschuldigt das noch nicht jene, die ihn annehmen." — Wir wollen diesen Punkt also untersuchen und einmal annehmen: *Gott existiert, oder er existiert nicht.* Wofür wollen wir uns entscheiden? Die Vernunft kann dabei nichts entscheiden; ein

[233/3] n'y peut rien déterminer: il y a un chaos infini qui nous sépare. Il se joue un jeu, à l'extrémité de cette distance infinie, où il arrivera croix ou pile. Que gagerez-vous? Par raison, vous ne pouvez faire ni l'un ni l'autre; par raison, vous ne pouvez défaire nul des deux.

Ne blâmez donc pas de fausseté ceux qui ont pris un choix; car vous n'en savez rien. — «Non; mais je les blâmerai d'avoir fait, non ce choix, mais un choix; car, encore que celui qui prend croix et l'autre soient en pareille faute, ils sont tous deux en faute: le juste est de ne point parier.»

— Oui; mais il faut parier; cela n'est pas volontaire, vous êtes embarqué. Lequel prendrez-vous donc? Voyons. Puisqu'il faut choisir, voyons ce qui vous intéresse le moins. Vous avez deux choses à perdre: le vrai et le bien, et deux choses à engager: votre raison et votre volonté, votre connaissance et votre béatitude; et votre nature a deux choses à fuir: l'erreur et la misère.

Votre raison n'est pas plus blessée, en choisissent l'un que l'autre, puisqu'il faut nécessairement choisir. Voilà un point vidé. Mais votre béatitude? Pesons le gain et la perte, en prenant croix que Dieu est.

Estimons ces deux cas: si vous gagnez, vous gagnez tout; si vous perdez, vous ne perdez rien. Gagez donc qu'il est, sans hésiter. — «Cela est admirable. Oui, il faut gager; mais je gage peut-être trop.» — Voyons.

48·49

unendliches Chaos trennt uns von Gott. Am äußersten Ende dieses unendlichen Abstands wird hier ein Spiel auf Kopf oder Schrift gespielt. Was werden Sie bei der Wette einsetzen? Aus Gründen der Vernunft können Sie weder das eine noch das andere tun; mit den Mitteln der Vernunft können Sie weder das eine noch das andere abtun.

Beschuldigen Sie also jene nicht des Irrtums, die sich entschieden haben; denn Sie wissen hier gar nichts. — „Nein, ich werde ihnen auch nicht den Vorwurf machen, daß sie diese Entscheidung, sondern daß sie überhaupt eine Entscheidung getroffen haben; denn wenn jener, der Schrift wählt, den gleichen Fehler macht wie der andere, so irren sie eben beide: richtig ist hier, überhaupt nicht zu wetten."

Schön; es muß aber gewettet werden; darin ist man nicht frei, Sie sind gefordert. Wofür werden Sie sich also entscheiden? Sehen wir uns die Sache einmal an. Da man sich nun entscheiden muß, wollen wir sehen, wo Sie am wenigsten riskieren. Sie haben zwei Dinge zu verlieren: das Wahre und das Gute, und zwei Dinge einzusetzen: Ihre Vernunft und Ihren Willen, Ihre Erkenntnis und Ihre Seligkeit; und Ihre Natur hat zwei Dinge zu meiden: Irrtum und Elend. Ihre Vernunft wird weder durch die eine noch die andere Entscheidung berührt, da man ja zwingend eine Entscheidung treffen muß. Damit ist ein Einwand beseitigt. Aber nun Ihre Seligkeit? Wir wollen Gewinn und Verlust gegeneinander abwägen, und ‚Schrift' soll einmal bedeuten: Gott existiert. Überlegen wir uns diese beiden Möglichkeiten: wenn Sie gewinnen, gewinnen Sie alles; wenn Sie verlieren, verlieren Sie nichts. Setzen Sie also, ohne weiter zu zögern, bei der Wette darauf, daß Gott existiert. — „Wunderbar! Ja, man muß einen Einsatz wagen; aber ich riskiere viel-

[233/4] Puisqu'il y a pareil hasard de gain et de perte, si vous n'aviez qu'à gagner deux vies pour une, vous pourriez encore gager; mais s'il y en avait trois à gagner, il faudrait jouer (puisque vous êtes dans la nécessité de jouer), et vous seriez imprudent, lorsque vous êtes forcé à jouer, de ne pas hasarder votre vie pour en gagner trois à un jeu où il y a pareil hasard de perte et de gain. Mais il y a une éternité de vie et de bonheur.

Et cela étant, quand il y aurait une infinité de hasards dont un seul serait pour vous, vous auriez encore raison de gager un pour avoir deux, et vous agiriez de mauvais sens, étant obligé à jouer, de refuser de jouer une vie contre trois à un jeu où d'une infinité de hasards il y en a un pour vous, s'il y avait une infinité de vie infiniment heureuse à gagner. Mais il y a ici une infinité de vie infiniment heureuse à gagner, un hasard de gain contre un nombre fini de hasards de perte, et ce que vous jouez est fini. Cela ôte tout parti :

partout où est l'infini, et où il n'y a pas infinité de hasards de perte contre celui de gain, il n'y a point à balancer, il faut tout donner. Et ainsi, quand on est forcé à jouer, il faut renoncer à la raison pour garder la vie, plutôt que de la hasarder pour le gain infini aussi prêt à arriver que la perte du néant.

Car il ne sert de rien de dire qu'il est incertain si on gagnera, et qu'il est certain qu'on hasarde, et que l'infinie distance qui est entre la *certitude* de

leicht einen zu hohen Einsatz." — Schön, wir wollen das bereden. Da ja die gleiche Chance für Gewinn und Verlust besteht, könnten Sie den Einsatz noch wagen, wenn Sie nur zwei Leben für eins zu gewinnen hätten; wenn es aber drei zu gewinnen gäbe, müßte man doch spielen (da Sie ja nun zwingend spielen müssen), und Sie wären unklug, da Sie zum Spiel gezwungen sind, wenn Sie Ihr Leben nicht riskieren würden, um drei Leben zu gewinnen bei einem Spiel, wo die gleiche Verlust- und Gewinnchance besteht. Aber es geht hier um eine Ewigkeit von Leben und Glück. Und wenn es nun eine Unendlichkeit von Chancen gäbe, bei denen auch nur eine einzige für Sie ausginge, so hätten Sie doch noch allen Grund, eine Chance zu setzen, um zwei zu gewinnen; und Sie würden unklug handeln, sich beim Zwang zum Spielen zu weigern, ein Leben gegen drei zu setzen in einem Spiel, wo von einer Unendlichkeit von Chancen es nur eine für Sie gibt, falls es die Unendlichkeit eines unendlich glücklichen Lebens zu gewinnen gibt. Aber es gibt hier die Unendlichkeit eines unendlich glücklichen Lebens zu gewinnen bei einer Gewinnchance gegenüber einer endlichen Zahl von Verlustchancen; und was Sie spielen, ist nur endlich. Das beendet alles Abwägen: überall, wo das Unendliche ist und wo keine Unendlichkeit von Verlustchancen gegen eine Gewinnchance besteht, gibt es kein Zögern; man muß alles ins Spiel bringen. Und wenn man nun zum Spiel gezwungen ist, muß man daher eher auf die Vernunft verzichten, um das Leben zu behalten, als es zu riskieren im Hinblick auf den unendlichen Gewinn, der ebenso leicht eintrifft wie der Verlust des Nichts.

Denn es ist sinnlos zu sagen, es sei ungewiß, ob man gewinnt, dagegen gewiß, daß man etwas riskiert, und die unendliche Diskrepanz zwischen der *Gewißheit* des Risikos und

[233/5] ce qu'on s'expose et l'*incertitude* de ce qu'on gagnera, égale le bien fini, qu'on expose certainement, à l'infini, qui est incertain. Cela n'est pas ainsi. Tout joueur hasarde avec certitude pour gagner avec incertitude; et néanmoins il hasarde certainement le fini pour gagner incertainement le fini, sans pécher contre la raison. Il n'y a pas infinité de distance entre cette certitude de ce qu'on s'expose et l'incertitude du gain; cela est faux. Il y a, à la vérité, infinité entre la certitude de gagner et la certitude de perdre. Mais l'incertitude de gagner est proportionnée à la certitude de ce qu'on hasarde, selon la proportion des hasards de gain et de perte. Et de là vient que, s'il y a autant de hasards d'un côté que de l'autre, le parti est à jouer égal contre égal; et alors la certitude de ce qu'on s'expose est égale à l'incertitude du gain: tant s'en faut qu'elle en soit infiniment distante.

Et ainsi, notre proposition est dans une force infinie, quand il y a le fini à hasarder à un jeu où il y a pareils hasards de gain que de perte, et l'infini à gagner. Cela est démonstratif; et si les hommes sont capables de quelque vérité, celle-là l'est. — « Je le confesse, je l'avoue. Mais encore n'y a-t-il point moyen de voir le dessous du jeu ? » — Oui, l'Écriture, et le reste, etc.

— « Oui ; mais j'ai les mains liées et la bouche muette ; on me force à parier, et je ne suis pas en liberté ; on ne me relâche pas, et je suis fait d'une telle sorte que je ne puis croire. Que voulez-vous donc que je fasse ? »

der *Ungewißheit* des Gewinnens gleiche jener zwischen dem endlichen Gut, das man mit Sicherheit riskiert, und dem unendlichen, das unsicher ist. So ist das nicht. Jeder Spieler wagt mit Gewißheit, um dann mit Ungewißheit zu gewinnen; und dennoch wagt er gewiß das Endliche, um ungewiß das Endliche zu gewinnen, ohne dabei gegen die Vernunft zu verstoßen. Es gibt keine unendliche Diskrepanz zwischen dieser Gewißheit des Wagnisses und der Ungewißheit des Gewinns; das ist falsch. In Wirklichkeit liegt die Unendlichkeit zwischen der Gewißheit zu gewinnen und der Gewißheit zu verlieren. Aber die Ungewißheit zu gewinnen steht in sinnvollem Verhältnis zur Gewißheit des Wagnisses, entsprechend dem Verhältnis der Gewinn- und Verlustchancen. Und so ergibt sich, daß, wenn es auf beiden Seiten die gleiche Zahl von Chancen gibt, das Spiel gleich gegen gleich gespielt werden muß; und dann ist die Gewißheit des Wagnisses der Ungewißheit des Gewinns gleich: es ist abwegig zu meinen, zwischen beiden bestehe eine unendliche Diskrepanz. Und so hat unser Vorhaben eine unendliche Überzeugungskraft, da ja das Endliche zu riskieren ist bei einem Spiel, wo es bei gleichen Gewinn- und Verlustchancen das Unendliche zu gewinnen gibt. Das ist überzeugend; und wenn die Menschen zu irgendeiner Wahrheit fähig sind, dann liegt die Wahrheit hier. — „Ich gebe das zu, und ich erkenne das an. Aber gibt es kein Mittel, auch noch die Hintergründe des Spiels zu betrachten?" — Doch, die Bibel und das übrige und manches andere.

„Ja, aber meine Hände sind gebunden und mein Mund ist stumm; man zwingt mich zur Wette, und ich bin nicht frei; man läßt mich nicht wieder los, und ich bin so geschaffen, daß ich nicht glauben kann. Was soll ich da also tun?"

[233/6] — Il est vrai. Mais apprenez au moins votre impuissance à croire, puisque la raison vous y porte, et que néanmoins vous ne le pouvez. Travaillez donc, non pas à vous convaincre par l'augmentation des preuves de Dieu, mais par la diminution de vos passions. Vous voulez aller à la foi, et vous n'en savez pas le chemin; vous voulez vous guérir de l'infidélité, et vous en demandez le remède : apprenez de ceux qui ont été liés comme vous, et qui parient maintenant tout leur bien; ce sont gens qui savent ce chemin que vous voudriez suivre, et guéris d'un mal dont vous voulez guérir. Suivez la manière par où ils ont commencé : c'est en faisant tout comme s'ils croyaient, en prenant de l'eau bénite, en faisant dire des messes, etc. Naturellement même cela vous fera croire et vous abêtira. — « Mais c'est ce que je crains. » — Et pourquoi ? qu'avez-vous à perdre ?

Mais pour vous montrer que cela y mène, c'est que cela diminuera les passions, qui sont vos grands obstacles.

Fin de ce discours. — Or, quel mal vous arrivera-t-il en prenant ce parti ? Vous serez fidèle, honnête, humble, reconnaissant, bienfaisant, ami sincère, véritable. A la vérité, vous ne serez point dans les plaisirs empestés, dans la gloire, dans les délices; mais n'en aurez-vous point d'autres ? Je vous dis que vous y gagnerez en cette vie; et qu'à chaque pas que vous ferez dans ce chemin, vous verrez tant de certitude du gain, et tant de néant de ce que vous hasardez, que vous reconnaîtrez à la fin

Das stimmt. Lernen Sie doch wenigstens, Ihre Glaubensohnmacht einzusehen, da Ihre Vernunft Sie ja dazu führt und Sie es dennoch nicht vermögen. Bemühen Sie sich doch, sich nicht etwa durch weitere Gottesbeweise zu überzeugen, sondern durch Minderung Ihrer Leidenschaften. Sie wollen zum Glauben kommen, und Sie kennen nicht den Weg dahin; Sie möchten vom Unglauben geheilt werden, und Sie fragen nach einem Mittel dafür: lernen Sie von denen, die wie Sie selbst gebunden waren und die jetzt ihr ganzes Hab und Gut einsetzen; es sind Menschen, die den Weg kennen, den Sie gehen möchten, und die von einem Leiden geheilt sind, dessen Heilung Sie erwarten. Machen Sie es so, wie diese es angefangen haben: sie taten, als hätten sie den Glauben, indem sie Weihwasser nahmen, Messen lesen ließen und manches andere. Das gerade wird Sie auf natürliche Weise zum Glauben bringen und den Anspruch Ihrer Vernunft demütigen. — „Das aber gerade befürchte ich." — Warum denn? Was haben Sie zu verlieren?

Um Ihnen aber zu zeigen, daß das zum Glauben führt: es wird Ihre Leidenschaften mindern, die das große Hindernis für Sie sind.

Schluß dieser Argumentation. — Was kann Ihnen nun Schlimmes zustoßen, wenn Sie sich so entscheiden? Sie werden treu, rechtschaffen, demütig, dankbar, wohltätig sein, ein aufrichtiger, echter Freund. Sie werden wirklich nicht mehr in den krankhaften Vergnügungen stecken, im Geltungsdrang und in den Genüssen; aber werden Sie nicht andere dafür eintauschen? Ich sage Ihnen, Sie werden dabei in diesem Leben gewinnen; und mit jedem Schritt, den Sie auf diesem Wege tun, werden Sie die Gewißheit des Gewinns und die Nichtigkeit des Risikos einsehen, so daß Sie schließlich an-

[233/7] que vous avez parié pour une chose certaine, infinie, pour laquelle vous n'avez rien donné. (...)

267 La dernière démarche de la raison est de reconnaître qu'il y a une infinité de choses qui la surpassent ; elle n'est que faible, si elle ne va jusqu'à connaître cela.

Que si les choses naturelles la surpassent, que dira-t-on des surnaturelles ?

268 *Soumission.* — Il faut savoir douter où il faut, assurer où il faut, en se soumettant où il faut. Qui ne fait ainsi n'entend pas la force de la raison. Il y [en] a qui faillent contre ces trois principes, ou en assurant tout comme démonstratif, manque de se connaître en démonstration ; ou en doutant de tout, manque de savoir où il faut se soumettre ; ou en se soumettant en tout, manque de savoir où il faut juger.

272 Il n'y a rien de si conforme à la raison que ce désaveu de la raison.

274 Tout notre raisonnement se réduit à céder au sentiment.

Mais la fantaisie est semblable et contraire au sentiment, de sorte qu'on ne peut distinguer entre ces contraires. L'un dit que mon sentiment est fantaisie, l'autre que sa fantaisie est sentiment. Il

erkennen werden, daß Sie auf etwas Gewisses gesetzt haben, nämlich auf die Unendlichkeit, für die Sie nichts aufgegeben haben. (...)

Es ist der letzte Schritt der Vernunft, anzuerkennen, daß es eine Unendlichkeit von Dingen gibt, die sie übersteigen; sie ist nur dann schwach, wenn sie nicht bis zu dieser Erkenntnis gelangt.

Wenn schon die natürlichen Dinge sie übersteigen, was soll man dann von den übernatürlichen sagen?

Unterwerfung. — Man muß zu zweifeln verstehen, wo es notwendig ist, Gewißheit haben, wo es notwendig ist, indem man sich unterwirft, wo es notwendig ist. Wer nicht so handelt, begreift nicht die Kraft der Vernunft. Es gibt Menschen, die gegen diese drei Grundsätze verstoßen; entweder versichern sie, alles sei beweisbar, weil sie sich im Beweisverfahren nicht auskennen; oder sie zweifeln an allem, weil sie nicht wissen, wo man sich unterwerfen muß; oder sie unterwerfen sich in allen Fällen, weil sie nicht wissen, wo man urteilen muß.

Nichts ist der Vernunft so angemessen wie diese Aberkennung der Vernunft.

Unser ganzes logisches Denken endet schließlich damit, daß wir der Erfahrung nachgeben.

Aber die Illusion ist der Erfahrung ähnlich und doch entgegengesetzt, so daß man zwischen diesen beiden Gegensätzen nicht unterscheiden kann. Der eine sagt, meine Erfahrung sei Illusion, der andere, seine Illusion sei Er-

[274/2] faudrait avoir une règle. La raison s'offre, mais elle est ployable à tous sens; et ainsi il n'y en a point.

277 Le cœur a ses raisons, que la raison ne connaît point : on le sait en mille choses. Je dis que le cœur aime l'être universel naturellement, et soi-même naturellement, selon qu'il s'y adonne; et il se durcit contre l'un ou l'autre, à son choix. Vous avez rejeté l'un et conservé l'autre : est-ce par raison que vous vous aimez ?

278 C'est le cœur qui sent Dieu, et non la raison. Voilà ce que c'est que la foi, Dieu sensible au cœur, non à la raison.

279 La foi est un don de Dieu; ne croyez pas que nous disions que c'est un don de raisonnement. Les autres religions ne disent pas cela de leur foi; elles ne donnaient que le raisonnement pour y arriver, qui n'y mène pas néanmoins.

282 Nous connaissons la vérité, non seulement par la raison, mais encore par le cœur; c'est de cette dernière sorte que nous connaissons les premiers principes, et c'est en vain que le raisonnement qui n'y a point de part, essaye de les combattre. Les pyrrhoniens, qui n'ont que cela pour objet, y travaillent inutilement. Nous savons que nous ne rêvons point; quelque impuissance où nous soyons de le prouver par raison, cette impuissance ne conclut

fahrung. Man müßte ein Kriterium dafür haben. Die Vernunft bietet sich dazu an, aber sie ist nach allen Seiten hin zu biegen; und so gibt es dafür kein Kriterium.

Das Herz hat seine Gegengründe, die die Vernunft nicht kennt: das erfährt man bei tausend Anlässen. Ich behaupte, daß das Herz das allumfassende Wesen von Natur aus liebt und von Natur aus sich selbst, je nachdem es sich ihm hingibt; und es verhärtet sich in eigener Entscheidung gegen das eine oder das andere. Sie haben das eine abgelehnt und das andere bewahrt: lieben Sie sich nun aus Gründen der Vernunft?

Nicht die Vernunft, sondern das Herz erfährt Gott. Darin besteht der Glaube, daß Gott im Herzen und nicht von der Vernunft erfahren wird.

Der Glaube ist eine Gabe Gottes; meinen Sie nur nicht, wir würden sagen, er sei eine Gabe des Vernunftdenkens. Die anderen Religionen sagen das nicht von ihrem Glauben; um zum Glauben zu gelangen, gaben sie nur das Vernunftdenken an, das dennoch nicht dahin führt.

Wir erkennen die Wahrheit nicht allein mit der Vernunft, sondern auch mit dem Herzen; auf diese zweite Art erkennen wir die ersten Prinzipien, und vergeblich versucht das Vernunftdenken, das daran nicht beteiligt ist, sie zu bekämpfen. Die Skeptiker, die nur dies zum Ziel haben, bemühen sich hier vergeblich.

Wir wissen, daß wir nicht träumen; unsere Ohnmacht, es mit der Vernunft beweisen zu wollen, läßt nur auf die Schwäche unserer Vernunft schließen, nicht

[282/2] autre chose que la faiblesse de notre raison, mais non pas l'incertitude de toutes nos connaissances, comme ils le prétendent. Car la connaissance des premiers principes, comme qu'il y a espace, temps, mouvement, nombres, [est] aussi ferme qu'aucune de celles que nos raisonnements nous donnent. Et c'est sur ces connaissances du cœur et de l'instinct qu'il faut que la raison s'appuie, et qu'elle y fonde tout son discours. (Le cœur sent qu'il y a trois dimensions dans l'espace, et que les nombres sont infinis; et la raison démontre ensuite qu'il n'y a point deux nombres carrés dont l'un soit double de l'autre. Les principes se sentent, les propositions se concluent; et le tout avec certitude, quoique par différentes voies.) Et il est aussi inutile et aussi ridicule que la raison demande au cœur des preuves de ses premiers principes, pour vouloir y consentir, qu'il serait ridicule que le cœur demandât à la raison un sentiment de toutes les propositions qu'elle démontre, pour vouloir les recevoir.

Cette impuissance ne doit donc servir qu'à humilier la raison, qui voudrait juger de tout, mais non pas à combattre notre certitude, comme s'il n'y avait que la raison capable de nous instruire. Plût à Dieu que nous n'en eussions au contraire jamais besoin, et que nous connussions toutes choses par instinct et par sentiment! Mais la nature nous a refusé ce bien; elle ne nous a au contraire donné que très peu de connaissances de cette sorte; toutes les autres ne peuvent être acquises que par raisonnement.

aber auf die Ungewißheit aller unserer Erkenntnisse, wie die Skeptiker behaupten. Denn die Erkenntnis der ersten Prinzipien wie beispielsweise, daß es Raum, Zeit, Bewegung und Zahlen gibt, ist in gleicher Weise gesichert wie irgendeine von jenen Erkenntnissen, die uns unser Vernunftdenken vermittelt. Und auf diese Erkenntnisse des Herzens und des Instinkts muß die Vernunft sich stützen, und darauf muß sie ihre Rede gründen.

(Das Herz spürt, daß es drei Dimensionen im Raume gibt und daß die Zahlen unendlich sind; und die Vernunft beweist dann, daß es nicht zwei Quadratzahlen gibt, von denen die eine doppelt so groß ist wie die andere. Die Prinzipien werden erfahren, die Lehrsätze erschlossen; und das alles mit Gewißheit, wenn auch auf verschiedenen Wegen.) Und es ist sinnlos und lächerlich, daß die Vernunft, um zustimmen zu können, vom Herzen Beweise für seine ersten Prinzipien fordert, wie es auch lächerlich wäre, wenn das Herz, um ihnen zustimmen zu können, von der Vernunft für alle Sätze, die sie beweist, eine Erfahrung verlangen würde.

Diese Machtlosigkeit soll also nur dazu dienen, die Vernunft zu demütigen, die über alles urteilen möchte, keineswegs aber dazu, unsere Gewißheit zu bekämpfen, gleichsam als gäbe es nur die Vernunft, die uns belehren könnte.

Gebe Gott, daß wir sie im Gegenteil niemals nötig hätten und daß wir alle Dinge durch Instinkt und Erfahrung erkennen könnten! Aber die Natur hat uns dieses Gut versagt; sie hat uns im Gegenteil nur sehr wenige Erkenntnisse dieser Art geschenkt; alle anderen können nur im Vernunftdenken erworben werden.

[282/3]   Et c'est pourquoi ceux à qui Dieu a donné la religion par sentiment du cœur sont bien heureux et bien légitimement persuadés. Mais ceux qui ne l'ont pas, nous ne pouvons la [leur] donner que par raisonnement, en attendant que Dieu la leur donne par sentiment de cœur, sans quoi la foi n'est qu'humaine, et inutile pour le salut.

283   *L'ordre. Contre l'objection que l'Écriture n'a pas d'ordre.* — Le cœur a son ordre; l'esprit a le sien, qui est par principe et démonstration, le cœur en a un autre. On ne prouve pas qu'on doit être aimé, en exposant d'ordre les causes de l'amour: cela serait ridicule.

Jésus-Christ, saint Paul ont l'ordre de la charité, non de l'esprit; car ils voulaient échauffer, non instruire. Saint Augustin de même. Cet ordre consiste principalement à la digression sur chaque point qu'on rapporte à la fin, pour la montrer toujours.

298   *Justice, force.* — Il est juste que ce qui est juste soit suivi, il est nécessaire que ce qui est le plus fort soit suivi. La justice sans la force est impuissante; la force sans la justice est tyrannique. La justice sans force est contredite, parce qu'il y a toujours des méchants; la force sans la justice est accusée. Il faut donc mettre ensemble la justice et la force; et pour cela faire que ce qui est juste soit fort, ou que ce qui est fort soit juste.

La justice est sujette à dispute, la force est très

Und darum sind jene, denen Gott die Religion in der Erfahrung des Herzens geschenkt hat, sehr glücklich und durchaus rechtmäßig überzeugt. Aber denen, die sie nicht haben, können wir sie nur auf dem Wege des vernünftigen Denkens vermitteln, in der Erwartung, daß Gott sie ihnen in der Erfahrung des Herzens schenkt; sonst ist der Glaube nur menschlich und zwecklos für das Heil.

Ordnung. Gegen den Einwand, die Schrift habe keine Ordnung. — Das Herz hat seine Ordnung. Der Geist hat auch seine Ordnung: sie liegt in Grundsätzen und in Beweisen. Das Herz hat eine andere Ordnung. Man beweist nicht, daß man geliebt werden muß, indem man die Ursachen der Liebe geordnet darlegt: das wäre lächerlich.

Jesus Christus und Paulus haben die Ordnung der christlichen Liebe, nicht etwa die Ordnung des Geistes; denn sie wollten die Herzen entzünden, nicht den Geist belehren. Augustinus ebenso. Diese Ordnung beruht wesentlich darin, daß man bei jedem Punkt, den man auf das Ziel bezieht, abschweift, um so immer wieder auf das Ziel hinzuweisen.

Gerechtigkeit, Macht. — Es ist gerecht, daß befolgt wird, was Recht ist; es ist notwendig, daß man dem folgt, was am mächtigsten ist. Gerechtigkeit ohne Macht ist machtlos; Macht ohne Gerechtigkeit ist tyrannisch. Der Gerechtigkeit ohne Macht wird widersprochen, weil es immer böse Menschen gibt; Macht ohne Gerechtigkeit wird verklagt. Man muß also Gerechtigkeit und Macht miteinander verbinden und dann dafür sorgen, daß, was Recht ist, auch mächtig ist, und was mächtig ist, auch Recht ist.

Gerechtigkeit wird bestritten, Macht ist deutlich erkenn-

[298/2] reconnaissable et sans dispute. Ainsi on n'a pu donner la force à la justice, parce que la force a contredit la justice et a dit qu'elle était injuste, et a dit que c'était elle qui était juste. Et ainsi ne pouvant faire que ce qui est juste fût fort, on a fait que ce qui est fort soit juste.

310 *Roi et tyran.* — J'aurai aussi mes idées de derrière la tête.

Je prendrai garde à chaque voyage.

Grandeur d'établissement, respect d'établissement.

Le plaisir des grands est de pouvoir faire des heureux.

Le propre de la richesse est d'être donnée libéralement.

Le propre de chaque chose doit être cherché. Le propre de la puissance est de protéger.

Quand la force attaque la grimace, quand un simple soldat prend le bonnet carré d'un premier président, et le fait voler par la fenêtre.

319 Que l'on a bien fait de distinguer les hommes par l'extérieur, plutôt que par les qualités intérieures ! Qui passera de nous deux ? qui cédera la place à l'autre ? Le moins habile ? mais je suis aussi habile que lui, il faudra se battre sur cela. Il a quatre laquais, et je n'en ai qu'un : cela est visible ; il n'y a qu'à compter ; c'est à moi à céder, et je suis un sot si je le conteste. Nous voilà en paix par ce moyen ; ce qui est le plus grand des biens.

64·65

bar und unbestritten. So konnte man der Gerechtigkeit nicht die Macht verleihen, weil die Macht die Gerechtigkeit bestritt, sie als Unrecht bezeichnete und von sich behauptete, sie sei das Recht. Und da man nicht erreichen konnte, daß das, was Recht ist, auch Macht ist, machte man das, was Macht ist, zum Recht.

König und Tyrann. — Auch ich werde meine geheimen Gedanken haben.

Ich werde mich auf jeder Reise in acht nehmen.

Größe der bestehenden Ordnung, Achtung vor der bestehenden Ordnung.

Es ist die Freude der Großen, die Menschen glücklich machen zu können.

Es ist das Wesen des Reichtums, daß er freigebig verschenkt wird.

Nach dem Wesen jedes Dinges muß getrachtet werden. Wesen der Macht ist es, Schutz zu verleihen.

Wenn die Macht sich am Gesichteschneider vergreift, wenn ein einfacher Soldat das Barett eines Gerichtspräsidenten nimmt und aus dem Fenster wirft.

Wie gut hat man daran getan, die Menschen äußerlich und nicht nach ihren inneren Eigenschaften zu unterscheiden! Wer von uns beiden wird den Vortritt haben? Wer tritt vor dem anderen zurück? Der weniger Tüchtige? Aber ich bin ebenso tüchtig wie er; wir müssen uns also darum schlagen. Er hat vier Lakaien, und ich habe nur einen: das sieht man; man braucht nur zu zählen; ich muß also zurücktreten, und ich wäre ein Tor, wenn ich das bestreiten wollte. Dadurch bleiben wir in Frieden; und das ist das größte der Güter.

323 Qu'est-ce que le *moi* ?

Un homme qui se met à la fenêtre pour voir les passants, si je passe par là, puis-je dire qu'il s'est mis là pour me voir ? Non, car il ne pense pas à moi en particulier.

Mais celui qui aime quelqu'un à cause de sa beauté, l'aime-t-il ? Non : car la petite vérole, qui tuera la beauté sans tuer la personne, fera qu'il ne l'aimera plus.

Et si on m'aime pour mon jugement, pour ma mémoire, m'aime-t-on, moi ? Non, car je puis perdre ces qualités sans me perdre moi-même. Où est donc ce *moi*, s'il n'est ni dans le corps, ni dans l'âme ? et comment aimer le corps ou l'âme, sinon pour ces qualités, qui ne sont point ce qui fait le moi, puisqu'elles sont périssables ?

car aimerait-on la substance de l'âme d'une personne abstraitement, et quelques qualités qui y fussent ? Cela ne se peut, et serait injuste. On n'aime donc jamais personne, mais seulement des qualités.

Qu'on ne se moque donc plus de ceux qui se font honorer pour des charges et des offices, car on n'aime personne que pour des qualités empruntées.

327 Le monde juge bien des choses, car il est dans l'ignorance naturelle, qui est le vrai siège de l'homme. Les sciences ont deux extrémités qui se touchent. La première est la pure ignorance naturelle où se trouvent tous les hommes en naissant.

66·67

Was ist das *Ich*?

Ein Mensch setzt sich ans Fenster, um die Passanten zu betrachten; wenn ich nun dort vorbeikomme, kann ich da behaupten, er habe sich dort eigens aufgestellt, um mich zu sehen? Nein, denn er denkt nicht eigens an mich. Aber wer jemanden um seiner Schönheit willen liebt, liebt er ihn wirklich? Nein: denn die Pocken, welche diese Schönheit zerstören werden, ohne den Menschen zu töten, werden bewirken, daß er ihn nicht mehr lieben wird.

Und wenn man mich liebt wegen meiner Urteilskraft, wegen meines Gedächtnisses, liebt man dann wirklich mich? Nein, denn ich kann diese Eigenschaften verlieren, ohne selbst zugrundezugehen. Wo liegt also dieses *Ich*, wenn es sich weder im Leib noch in der Seele befindet? Und wie kann man den Leib oder die Seele nur um dieser Eigenschaften willen lieben, die keineswegs das Ich ausmachen, da sie ja vergänglich sind? Denn könnte man die Substanz der Seele eines Menschen in ihrer Wesenheit lieben ohne Rücksicht auf dessen Eigenschaften? Das ist nicht möglich und wäre ungerecht. Man liebt also niemals den Menschen, sondern immer nur Eigenschaften.

Man mache sich also nicht mehr lustig über die Leute, die sich wegen ihrer Ämter und Stellungen ehren lassen; denn man liebt einen Menschen nur um seiner gestundeten Eigenschaften willen.

Die Welt beurteilt viele Dinge, denn sie lebt in der natürlichen Unwissenheit, die die wahre Situation des Menschen ist. Jedes Wissen hat zwei Extreme, die sich berühren. Das eine ist die reine und natürliche Unwissenheit, in der sich alle Menschen bei der Geburt befinden. Das andere ist

[327/2] L'autre extrémité est celle où arrivent les grandes âmes, qui, ayant parcouru tout ce que les hommes peuvent savoir, trouvent qu'ils ne savent rien, et se rencontrent en cette même ignorance d'où ils étaient partis; mais c'est une ignorance savante qui se connaît. Ceux d'entre deux, qui sont sortis de l'ignorance naturelle, et n'ont pu arriver à l'autre, ont quelque teinture de cette science suffisante, et font les entendus. Ceux-là troublent le monde, et jugent mal de tout. Le peuple et les habiles composent le train du monde; ceux-là le méprisent et sont méprisés. Ils jugent mal de toutes choses, et le monde en juge bien.

336 *Raison des effets.* — Il faut avoir une pensée de derrière, et juger de tout par là, en parlant cependant comme le peuple.

346 Pensée fait la grandeur de l'homme.

347 L'homme n'est qu'un roseau, le plus faible de la nature; mais c'est un roseau pensant. Il ne faut pas que l'univers entier s'arme pour l'écraser: une vapeur, une goutte d'eau, suffit pour le tuer.

Mais, quand l'univers l'écraserait, l'homme serait encore plus noble que ce qui le tue, parce qu'il sait qu'il meurt, et l'avantage que l'univers a sur lui; l'univers n'en sait rien.

Toute notre dignité consiste donc en la pensée. C'est de là qu'il faut nous relever et non de l'espace

jene Unwissenheit, die die großen Seelen erreichen, wenn sie alles durchlaufen haben, was die Menschen wissen können, und dann entdecken, daß sie nichts wissen und sich in der gleichen Unwissenheit wiederfinden, von der sie ausgegangen waren; aber das ist eine wissende Unwissenheit, die sich als solche erkennt. Diejenigen zwischen beiden, die von der natürlichen Unwissenheit ausgingen und die andere nicht erreichen konnten, haben nur eine Art Firnis von diesem selbstgefälligen Wissen, spielen aber die Klugen. Sie verwirren die Welt und beurteilen alles verkehrt. Das Volk und die Wissenden bestimmen den Gang der Welt; jene Halbgebildeten verachten ihn und werden selbst verachtet. Sie beurteilen alle Dinge verkehrt, die Welt aber richtig.

Ursache der Wirkungen. — Man muß einen geheimen Gedanken haben und von dort her alles beurteilen, dabei aber reden wie das Volk.

Denken macht die Größe des Menschen aus.

Der Mensch ist nur ein Schilfrohr, das schwächste in der Natur; aber er ist ein Schilfrohr, das denkt. Es ist nicht nötig, daß das ganze Weltall sich rüstet, um ihn zu vernichten: ein Dunsthauch, ein Wassertropfen genügt, um ihn zu töten. Wenn ihn aber auch das Weltall vernichten würde, wäre der Mensch immer noch erhabener als das, was ihn tötet, weil er weiß, daß er stirbt, und die Überlegenheit kennt, die das Weltall über ihn hat; das Weltall weiß das nicht.

Unsere ganze Würde beruht also auf dem Denken. Von dorther muß unser Selbstbewußtsein kommen, nicht aber

[347/2] et de la durée, que nous ne saurions remplir. Travaillons donc à bien penser : voilà le principe de la morale.

353 Je n'admire point l'excès d'une vertu, comme de la valeur, si je ne vois en même temps l'excès de la vertu opposée, comme en Épaminondas, qui avait l'extrême valeur et l'extrême bénignité. Car, autrement, ce n'est pas monter, c'est tomber. On ne montre pas sa grandeur pour être à une extrémité, mais bien en touchant les deux à la fois, et remplissant tout l'entre-deux. Mais peut-être que ce n'est qu'un soudain mouvement de l'âme de l'un à l'autre de ces extrêmes, et qu'elle n'est jamais en effet qu'en un point, comme le tison de feu. Soit, mais au moins cela marque l'agilité de l'âme, si cela n'en marque l'étendue.

358 L'homme n'est ni ange ni bête, et le malheur veut que qui veut faire l'ange fait la bête.

359 Nous ne nous soutenons pas dans la vertu par notre propre force, mais par le contre-poids de deux vices opposés, comme nous demeurons debout entre deux vents contraires : ôtez un de ces vices, nous tombons dans l'autre.

365 *Pensée.* — Toute la dignité de l'homme consiste en la pensée.

Mais qu'est-ce que cette pensée ? Qu'elle est sotte !

vom Raum und von der Zeit, die wir nicht ausfüllen können. Bemühen wir uns also darum, richtig zu denken: das ist die Grundlage für alle Sittlichkeit.

Ich bewundere keineswegs das Übermaß einer Tugend, etwa der Tapferkeit, wenn ich nicht zugleich das Übermaß der entgegengesetzten Tugend sehe wie bei Epaminondas, der zugleich mit der äußersten Tapferkeit auch die äußerste Güte besaß. Denn sonst ist das kein Steigen, sondern ein Fallen. Man beweist seine Größe nicht damit, daß man an einem Pol steht, sondern indem man die beiden Pole zugleich berührt und den Gesamtraum dazwischen ausfüllt. Vielleicht aber gibt es nur eine plötzliche Bewegung der Seele von einem Pol zum anderen, während sie in Wirklichkeit immer nur an einem Punkt ist wie der glühende Span im Feuer. Mag sein; aber zumindest zeigt sich darin die Beweglichkeit der Seele, wenn sich darin nicht sogar ihre Weite zeigt.

Der Mensch ist weder Engel noch Tier; das Verhängnis aber ist es, daß wer den Engel spielen will, zum Tier wird.

Wir behaupten uns in der Tugend nicht durch unsere eigene Kraft, sondern durch das Gegengewicht zweier entgegengesetzter Laster, wie wir auch aufrecht stehen bleiben zwischen zwei Winden aus entgegengesetzter Richtung: Nehmen Sie eines dieser Laster fort, und wir fallen in das andere.

Denken. — Die ganze Würde des Menschen beruht auf dem Denken.
    Was aber ist dieses Denken? Wie töricht ist es!

[365/2]   La pensée est donc une chose admirable et incomparable par sa nature. Il fallait qu'elle eût d'étranges défauts pour être méprisable; mais elle en a de tels que rien n'est plus ridicule. Qu'elle est grande par sa nature! qu'elle est basse par ses défauts!

378   *Pyrrhonisme.* — L'extrême esprit est accusé de folie comme l'extrême défaut. Rien que la médiocrité n'est bon. C'est la pluralité qui a établi cela, et qui mord quiconque s'en échappe par quelque bout que ce soit. Je ne m'y obstinerai pas, je consens bien qu'on m'y mette, et me refuse d'être au bas bout, non pas parce qu'il est bas, mais parce qu'il est bout; car je refuserais de même qu'on me mît au haut. C'est sortir de l'humanité que de sortir du milieu. La grandeur de l'âme humaine consiste à savoir s'y tenir; tant s'en faut que la grandeur soit à en sortir, qu'elle est à n'en point sortir.

380   Toutes les bonnes maximes sont dans le monde; on ne manque qu'à les appliquer. Par exemple:

On ne doute pas qu'il ne faille exposer sa vie pour défendre le bien public, et plusieurs le font; mais pour la religion, point.

Il est nécessaire qu'il y ait de l'inégalité parmi les hommes, cela est vrai; mais cela étant accordé, voilà la porte ouverte, non seulement à la plus haute domination, mais à la plus haute tyrannie.

Das Denken ist also etwas Wunderbares und seinem Wesen nach Unvergleichliches. Es müßte schon seltsame Mängel haben, wenn es verächtlich sein sollte; aber es hat derartige Mängel, daß nichts lächerlicher ist. Wie groß ist es seinem Wesen nach! Wie minderwertig durch seine Mängel!

Skeptizismus. — Die höchste Geistigkeit wird ebenso der Torheit beschuldigt wie das höchste Versagen. Allein das Mittelmaß ist gut. Die Mehrheit hat das so verfügt, und sie verfolgt jeden, der nach einem der beiden Extreme hin entkommen will. Ich will mich dem nicht widersetzen; ich habe nichts dagegen, daß man mich dorthin setzt, aber ich weigere mich, am unteren Ende zu sein, nicht etwa, weil es weit unten ist, sondern weil es das Ende ist; denn ich würde mich ebenso weigern, wenn man mich ans obere Ende setzte. Aus der Mitte heraustreten heißt das Menschsein aufgeben. Die Größe der menschlichen Seele beruht darin, daß sie sich in der Mitte zu halten vermag; so sehr gehört es zur Größe, daß sie die Mitte nicht verläßt, daß es geradezu ihr Wesen ausmacht, sie nicht zu verlassen.

Alle guten Grundsätze sind in der Welt vorhanden; nur wendet man sie nicht an. Zum Beispiel:

Man zweifelt nicht daran, daß man sein Leben einsetzen muß, um das Gemeinwohl zu verteidigen, und manch einer tut es auch; aber keineswegs für die Religion.

Es ist notwendig, daß es Ungleichheit zwischen den Menschen gibt, das ist richtig; aber sobald man das zugestanden hat, sind Tür und Tor offen nicht nur für den höchsten Rang der Herrschaft, sondern auch für die schlimmste Tyrannis.

[380/2] Il est nécessaire de relâcher un peu l'esprit ; mais cela ouvre la porte aux plus grands débordements. — Qu'on en marque les limites. — Il n'y a point de bornes dans les choses : les lois y en veulent mettre, et l'esprit ne peut le souffrir.

396 Deux choses instruisent l'homme de toute sa nature : l'instinct et l'expérience.

397 La grandeur de l'homme est grande en ce qu'il se connaît misérable. Un arbre ne se connaît pas misérable.

C'est donc être misérable que de [se] connaître misérable ; mais c'est être grand que de connaître qu'on est misérable.

404 La plus grande bassesse de l'homme est la recherche de la gloire, mais c'est cela même qui est la plus grande marque de son excellence ; car, quelque possession qu'il ait sur la terre, quelque santé et commodité essentielle qu'il ait, il n'est pas satisfait, s'il n'est dans l'estime des hommes. Il estime si grande la raison de l'homme, que, quelque avantage qu'il ait sur la terre, s'il n'est placé avantageusement aussi dans la raison de l'homme, il n'est pas content. C'est la plus belle place du monde, rien ne le peut détourner de ce désir, et c'est la qualité la plus ineffaçable du cœur de l'homme.

Et ceux qui méprisent le plus les hommes, et les égalant aux bêtes, encore veulent-ils en être admirés et crus, et se contredisent à eux-mêmes par leur propre sentiment ; leur nature, qui est plus

Es ist notwendig, daß man für den Geist ein wenig die Zügel lockere; aber das öffnet der größten Verwilderung Tür und Tor. — Man sollte die Grenzen kenntlich machen. — Es gibt in den Dingen keine Grenzen: die Gesetze wollen sie hineinlegen, aber der Geist kann es nicht ertragen.

Zweierlei belehrt den Menschen über sein ganzes Wesen: der angeborene Sinn für die Wahrheit sowie die Erfahrung.

Die Größe des Menschen ist darin groß, daß er sich als elend erkennt. Ein Baum weiß nichts von seinem Elend.
    Elend sein heißt also erkennen, daß man elend ist; aber groß sein heißt anerkennen, daß man elend ist.

Die größte Niedrigkeit des Menschen ist sein Geltungsdrang, und doch ist gerade er das deutlichste Zeichen seiner Vortrefflichkeit; denn er mag auf Erden besitzen, was er will, gesund sein und wohlhabend, wie er will, er ist nicht zufrieden, wenn er nicht bei den Menschen in Achtung steht. Er schätzt die Vernunft des Menschen so hoch ein, daß er bei allen Vorteilen auf der Erde nicht zufrieden ist, wenn er nicht auch einen bevorzugten Platz im Urteil der Menschen einnimmt. Das ist der schönste Ort auf der Welt; nichts kann ihn von dieser Sehnsucht abbringen, und das menschliche Herz hat keine andere Eigenschaft, die so unauslöschlich wäre.
    Und jene, die die Menschen am tiefsten verachten und sie den Tieren gleichstellen, wollen dafür noch bewundert werden und verlangen, daß man ihnen glaubt; aber sie widersprechen sich selbst durch ihre eigene Erfahrung: ihr Wesen,

[404/2] forte que tout, les convainquant de la grandeur de l'homme plus fortement que la raison ne les convainc de leur bassesse.

409 *La grandeur de l'homme.* — La grandeur de l'homme est si visible, qu'elle se tire même de sa misère. Car ce qui est nature aux animaux, nous l'appelons misère en l'homme ; par où nous reconnaissons que sa nature étant aujourd'hui pareille à celle des animaux, il est déchu d'une meilleure nature, qui lui était propre autrefois.

Car qui se trouve malheureux de n'être pas roi, sinon un roi dépossédé ? Trouvait-on Paul Émile malheureux de n'être plus consul ? Au contraire, tout le monde trouvait qu'il était heureux de l'avoir été, parce que sa condition n'était pas de l'être toujours. Mais on trouvait Persée si malheureux de n'être plus roi, parce que sa condition était de l'être toujours, qu'on trouvait étrange de ce qu'il supportait la vie. Qui se trouve malheureux de n'avoir qu'une bouche ? et qui ne se trouvera malheureux de n'avoir qu'un œil ? On ne s'est peut-être jamais avisé de s'affliger de n'avoir pas trois yeux, mais on est inconsolable de n'en point avoir.

418 Il est dangereux de trop faire voir à l'homme combien il est égal aux bêtes, sans lui montrer sa grandeur. Il est encore dangereux de lui trop faire voir sa grandeur sans sa bassesse. Il est encore plus dangereux de lui laisser ignorer l'un et l'autre. Mais

das stärker als alles andere ist, überzeugt sie noch stärker von der menschlichen Größe, als die Vernunft sie von ihrer Niedrigkeit überzeugt.

Die Größe des Menschen. — Die Größe des Menschen ist so sichtbar, daß sie sich sogar aus seinem Elend ableiten läßt. Denn was bei den Tieren Natur ist, nennen wir beim Menschen Elend; daran erkennen wir, daß seine Natur jetzt mit der Natur der Tiere gleich ist: er ist aus einer besseren Natur herabgestürzt, die früher einmal zu seinem Wesen gehörte.

Denn wer ist wohl unglücklich, nicht König zu sein, wenn nicht ein entthronter König? Hielt man Paulus Aemilius für unglücklich, weil er nicht mehr Konsul war? Im Gegenteil, jeder war der Meinung, daß er glücklich war, es gewesen zu sein; denn es war nicht seine Bestimmung, es immer zu sein. Perseus aber hielt man für unglücklich, daß er nicht mehr König war, weil es seine Bestimmung war, es immer zu sein, und man wunderte sich darüber, wie er das Leben weiter ertragen konnte. Wer ist denn unglücklich, daß er nur einen Mund hat? Aber wer würde nicht unglücklich sein, wenn er nur ein Auge hätte? Man ist vielleicht noch niemals auf den Gedanken gekommen, darüber traurig zu sein, daß man nicht drei Augen hat, aber man ist untröstlich, wenn man keins hat.

Es ist gefährlich, den Menschen so deutlich darauf hinzuweisen, wie sehr er den Tieren gleicht, ohne ihm zugleich seine Größe aufzuzeigen. Es ist ferner gefährlich, ihm zu deutlich seine Größe ohne seine Niedrigkeit aufzuweisen. Noch gefährlicher ist es, ihn über das eine wie über das an-

[418/2] il est très avantageux de lui représenter l'un et l'autre.

Il ne faut pas que l'homme croie qu'il est égal aux bêtes, ni aux anges, ni qu'il ignore l'un et l'autre, mais qu'il sache l'un et l'autre.

420 S'il se vante, je l'abaisse; s'il s'abaisse, je le vante; et le contredis toujours, jusqu'à ce qu'il comprenne qu'il est un monstre incompréhensible.

425 Tous les hommes recherchent d'être heureux; cela est sans exception; quelques différents moyens qu'ils y emploient, ils tendent tous à ce but. Ce qui fait que les uns vont à la guerre, et que les autres n'y vont pas, est ce même désir, qui est dans tous les deux, accompagné de différentes vues. La volonté [ne] fait jamais la moindre démarche que vers cet objet. C'est le motif de toutes les actions de tous les hommes, jusqu'à ceux qui vont se pendre.

Et cependant, depuis un si grand nombre d'années, jamais personne, sans la foi, n'est arrivé à ce point où tous visent continuellement. Tous se plaignent: princes, sujets; nobles, roturiers; vieux, jeunes; forts, faibles; savants, ignorants; sains, malades; de tous pays, de tous les temps, de tous âges et de toutes conditions.

Une épreuve si longue, si continuelle et si uniforme, devrait bien nous convaincre de notre impuissance d'arriver au bien par nos efforts; mais l'exemple nous instruit peu. Il n'est jamais si par-

78·79

dere in Unkenntnis zu lassen. Aber es ist sehr vorteilhaft, ihm das eine wie das andere vorzustellen.

Der Mensch darf nicht glauben, er gleiche den Tieren oder den Engeln; er soll auch nicht über beides in Unkenntnis sein, sondern beides soll er wissen.

Wenn er sich rühmt, erniedrige ich ihn; wenn er sich erniedrigt, rühme ich ihn; und ich widerspreche ihm immer, bis er begreift, daß er ein unbegreifliches Ungeheuer ist.

Alle Menschen streben danach, glücklich zu sein; das gilt ohne Ausnahme; die Mittel, die sie dafür anwenden, mögen verschieden sein: sie streben alle dem gleichen Ziel zu. Daher ziehen die einen in den Krieg, andere aber nicht: bei beiden besteht das gleiche Verlangen, nur in verschiedener Perspektive.

Der Wille tut auch den kleinsten Schritt immer nur in Richtung auf dieses Ziel hin. Das ist der Beweggrund aller Handlungen bei allen Menschen, ja sogar bei jenen, die sich erhängen wollen.

Aber seit so vielen Jahren hat niemals ein Mensch ohne Glauben jenen Punkt erreicht, auf den unaufhörlich alle hinzielen. Alle beklagen sich: Fürsten und Untertanen, Adelige und Bürgerliche, Alte und Junge, Starke und Schwache, Gebildete und Ungebildete, Gesunde und Kranke; aus allen Ländern, zu allen Zeiten, in allen Altersstufen und in allen Lebensumständen.

Ein so langer, so anhaltender und so gleichförmiger Versuch sollte uns doch wohl von unserer Ohnmacht überzeugen, durch unsere eigenen Anstrengungen zum Glück zu gelangen; aber das Beispiel belehrt uns nur wenig. Es ist nie-

[425/2] faitement semblable, qu'il n'y ait quelque délicate différence; et c'est de là que nous attendons que notre attente ne sera pas déçue en cette occasion comme en l'autre. Et ainsi, le présent ne nous satisfaisant jamais, l'expérience nous pipe, et de malheur en malheur, nous mène jusqu'à la mort, qui en est un comble éternel.

Qu'est-ce donc que nous crie cette avidité et cette impuissance, sinon qu'il y a eu autrefois dans l'homme un véritable bonheur, dont il ne lui reste maintenant que la marque et la trace toute vide, et qu'il essaye inutilement de remplir de tout ce qui l'environne, recherchant des choses absentes le secours qu'il n'obtient pas des présentes, mais qui en sont toutes incapables, parce que le gouffre infini ne peut être rempli que par un objet infini et immuable, c'est-à-dire que par Dieu même?

Lui seul est son véritable bien; et depuis qu'il l'a quitté c'est une chose étrange, qu'il n'y a rien dans la nature qui n'ait été capable de lui en tenir la place: astres, ciel, terre, éléments, plantes, choux, poireaux, animaux, insectes, veaux, serpents, fièvre, peste, guerre, famine, vices, adultère, inceste. Et depuis qu'il a perdu le vrai bien, tout également peut lui paraître tel, jusqu'à sa destruction propre, quoique si contraire à Dieu, à la raison et à la nature tout ensemble.

Les uns le cherchent dans l'autorité, les autres dans les curiosités et dans les sciences, les autres dans les voluptés. D'autres, qui en ont en effet plus approché, ont considéré qu'il est nécessaire que le

mals so vollkommen gleichartig, daß es nicht doch irgendeinen feinen Unterschied gäbe; und darum erwarten wir, daß unsere Erwartung bei dieser Gelegenheit ebenso wenig enttäuscht wird wie bei jener anderen. Und da uns die Gegenwart niemals genügt, betrügt uns die Erfahrung und führt uns von Unglück zu Unglück bis zum Tod, in dem sich das Unglück für die Ewigkeit erfüllt.

Was schreit uns diese Sucht und diese Ohnmacht nun anderes zu, als daß es früher einmal im Menschen ein wirkliches Glück gegeben hat, von dem ihm jetzt nur mehr ein Mal und eine leere Spur verblieben ist; vergeblich versucht er, sie mit allem zu erfüllen, was ihn umgibt, wobei er bei den abwesenden Dingen jene Hilfe sucht, die er bei den gegenwärtigen nicht erhält; diese sind aber dazu alle unfähig, weil die unendliche Kluft nur durch ein unendliches und unwandelbares Ziel, nämlich durch Gott selbst, ausgefüllt werden kann.

Er allein ist das wahre Gut des Menschen; es ist seltsam, daß, seitdem der Mensch ihn verlassen hat, es in der Natur nichts gibt, das nicht schon dessen Stelle einzunehmen vermochte: Gestirne, Himmel, Erde, Elemente, Pflanzen, Kohl, Lauch, Tiere, Insekten, Kälber, Schlangen, Fieber, Pest, Krieg, Hungersnot, Laster, Ehebruch, Blutschande. Und seitdem er das wahre Gut verloren hat, kann ihm alles gleichermaßen als solches erscheinen, selbst seine eigene Vernichtung, wenn diese auch gegen Gott, gegen die Vernunft und gegen die gesamte Natur ist.

Die einen suchen das wahre Gut in der Herrschaft, andere in Forschung und Wissenschaft, andere wiederum in der sinnlichen Lust. Andere, die ihm wirklich näher kamen, haben die Notwendigkeit bedacht, daß das allgemeine Gut, nach

[425/3] bien universel, que tous les hommes désirent, ne soit dans aucune des choses particulières qui ne peuvent être possédées que par un seul, et qui, étant partagées, affligent plus leur possesseur par le manque de la partie qu'il n'[a] pas, qu'elles ne le contentent par la jouissance de celle qu'elles lui apportent. Ils ont compris que le vrai bien devait être tel que tous pussent le posséder à la fois, sans diminution et sans envie, et que personne ne le pût perdre contre son gré. Et leur raison est que ce désir étant naturel à l'homme, puisqu'il est nécessairement dans tous, et qu'il ne peut pas ne le pas avoir, ils en concluent...

430 Les grandeurs et les misères de l'homme sont tellement visibles, qu'il faut nécessairement que la véritable religion nous enseigne et qu'il y a quelque grand principe de grandeur en l'homme, et qu'il y a un grand principe de misère. Il faut donc qu'elle nous rende raison de ces étonnantes contrariétés.

Il faut que, pour rendre l'homme heureux, elle lui montre qu'il y a un Dieu; qu'on est obligé de l'aimer; que notre unique félicité est d'être en lui, et notre unique mal d'être séparé de lui; qu'elle reconnaisse que nous sommes pleins de ténèbres qui nous empêchent de le connaître et de l'aimer; et qu'ainsi nos devoirs nous obligeant d'aimer Dieu, et nos concupiscences nous en détournant, nous sommes pleins d'injustice. Il faut qu'elle nous rende raison de ces oppositions que nous avons à Dieu et à notre propre bien. Il faut qu'elle nous

dem alle Menschen verlangen, in keinem Einzelding liegen darf, das nur ein einzelner besitzen könne und das bei einer Teilung seinen Besitzer durch den Mangel des fehlenden Teils mehr betrübt, als daß es ihn durch den Genuß des vorhandenen Teils befriedigt. Sie haben begriffen, daß das wahre Gut so sein müßte, daß es alle gleichzeitig besitzen können, und zwar ohne Minderung und ohne Neid, und daß es niemand gegen seinen Willen verlieren könnte. Und ihre Begründung liegt darin, daß diese Sehnsucht dem Menschen von Natur aus eingesenkt ist, weil sie notwendigerweise bei allen vorhanden ist und weil es geradezu unmöglich ist, daß er sie nicht verspürt, schließen sie daraus...

Größe und Elend des Menschen sind so sichtbar, daß die wahre Religion uns notwendig darüber zu belehren hat, daß es im Menschen sowohl einen mächtigen Grund der Größe wie auch einen mächtigen Grund des Elends gibt. Sie muß uns also über diese erstaunlichen Widersprüche Rechenschaft geben.

Um den Menschen glücklich zu machen, muß sie ihm zeigen, daß es einen Gott gibt, daß man verpflichtet ist, ihn zu lieben, daß unsere einzige Glückseligkeit darin besteht, in ihm zu sein, und unser einziges Unglück, von ihm getrennt zu sein;

sie muß anerkennen, daß wir voller Dunkelheiten sind, die uns hindern, ihn zu erkennen und ihn zu lieben; und da unsere Pflichten uns nötigen, Gott zu lieben, und unsere bösen Begierden uns von ihm ablenken, sind wir so voller Ungerechtigkeit. Sie muß uns Rechenschaft geben von unseren Widerständen gegen Gott und gegen unser eigenes

[430/2] enseigne les remèdes à ces impuissances, et les moyens d'obtenir ces remèdes. Qu'on examine sur cela toutes les religions du monde, et qu'on voie s'il y en a une autre que la chrétienne qui y satisfasse.

Sera-ce les philosophes, qui nous proposent pour tout bien les biens qui sont en nous? Est-ce là le vrai bien? Ont-ils trouvé le remède à nos maux? Est-ce avoir guéri la présomption de l'homme que de l'avoir mis à l'égal de Dieu? Ceux qui nous ont égalés aux bêtes, et les mahométans qui nous ont donné les plaisirs de la terre pour tout bien, même dans l'éternité, ont-ils apporté le remède à nos concupiscences? Quelle religion nous enseignera donc à guérir l'orgueil et la concupiscence? Quelle religion enfin nous enseignera notre bien, nos devoirs, les faiblesses qui nous en détournent, la cause de ces faiblesses, les remèdes qui les peuvent guérir, et le moyen d'obtenir ces remèdes?

Toutes les autres religions ne l'ont pu. Voyons ce que fera la Sagesse de Dieu.

« N'attendez pas, dit-elle, ni vérité, ni consolation des hommes. Je suis celle qui vous ai formés, et qui puis seule vous apprendre qui vous êtes. Mais vous n'êtes plus maintenant en l'état où je vous ai formés. J'ai créé l'homme saint, innocent, parfait; je l'ai rempli de lumière et d'intelligence; je lui ai communiqué ma gloire et mes merveilles. L'œil de l'homme voyait alors la majesté de Dieu. Il n'était pas alors dans les ténèbres qui l'aveuglent, ni dans la mortalité et dans les misères qui l'affligent. Mais il n'a pu soutenir tant de gloire sans

Heil. Sie muß uns die Mittel gegen diese Ohnmacht aufzeigen, aber auch die Wege, diese Mittel zu erlangen. Man prüfe daraufhin alle Religionen der Welt, und man sehe zu, ob es eine andere als die christliche gibt, die dem genügt.

Tun es die Philosophen, die uns als letztes Gut jene Güter vorlegen, die in uns selbst liegen? Liegt dort das wahre Heil? Haben sie das Mittel gegen unsere Leiden gefunden? Liegt darin die Heilung des Menschen vom Stolz, daß sie ihn Gott gleichgestellt haben? Jene, die uns mit den Tieren gleichstellten, und die Mohammedaner, die uns die Freuden der Erde noch in der Ewigkeit als eigentliches Heil anboten, haben sie das Mittel gegen unsere bösen Begierden verschafft? Welche Religion wird uns nun lehren, Stolz und böse Begierden zu heilen? Welche Religion wird uns nun unser Heil, unsere Pflichten und unsere Schwächen lehren, die uns davon abbringen, den Grund für diese Schwächen, die Mittel, sie zu heilen, und den Weg, zu diesen Mitteln zu kommen?

Alle anderen Religionen haben es nicht vermocht. Wir wollen sehen, was Gottes Weisheit sagen wird:

„Erwartet weder Wahrheit noch Trost von den Menschen. Ich bin es, die euch geschaffen hat, und ich allein kann euch lehren, wer ihr seid. Aber jetzt seid ihr nicht mehr in dem Stande, in dem ich euch geschaffen habe. Ich habe den Menschen heilig, unschuldig und vollkommen erschaffen; ich habe ihn mit Licht und Einsicht erfüllt; ich habe ihn an meiner Herrlichkeit und meinen Wundern teilhaben lassen. Das Auge des Menschen erschaute damals Gottes Majestät. Er war damals nicht in der Finsternis, die ihn blind macht, auch nicht in der Sterblichkeit und der Not, die ihn bedrücken. Aber er konnte so viel Herrlichkeit nicht ertragen, ohne der

[430/3] tomber dans la présomption. Il a voulu se rendre centre de lui-même, et indépendant de mon secours. Il s'est soustrait de ma domination; et, s'égalant à moi par le désir de trouver sa félicité en lui-même, je l'ai abandonné à lui; et, révoltant les créatures, qui lui étaient soumises, je les lui ai rendues ennemies : en sorte qu'aujourd'hui l'homme est devenu semblable aux bêtes, et dans un tel éloignement de moi, qu'à peine lui reste-t-il une lumière confuse de son auteur : tant toutes ses connaissances ont été éteintes ou troublées ! Les sens, indépendants de la raison, et souvent maîtres de la raison, l'ont emporté à la recherche des plaisirs. Toutes les créatures ou l'affligent ou le tentent, et dominent sur lui, ou en le soumettant par leur force, ou en le charmant par leur douceur, ce qui est une domination plus terrible et plus impérieuse.

« Voilà l'état où les hommes sont aujourd'hui. Il leur reste quelque instinct impuissant du bonheur de leur première nature, et ils sont plongés dans les misères de leur aveuglement et de leur concupiscence, qui est devenue leur seconde nature.

« De ce principe que je vous ouvre, vous pouvez reconnaître la cause de tant de contrariétés qui ont étonné tous les hommes, et qui les ont partagés en de si divers sentiments. Observez maintenant tous les mouvements de grandeur et de gloire que l'épreuve de tant de misères ne peut étouffer, et voyez s'il ne faut pas que la cause en soit en une autre nature. »

« C'est en vain, ô hommes, que vous cherchez dans vous-mêmes le remède à vos misères. Toutes

Vermessenheit zu verfallen. Er wollte sich zum Mittelpunkt seiner selbst machen und unabhängig von meiner Hilfe. Er entzog sich meiner Herrschaft; und da er sich durch sein Verlangen, sein Glück in sich selbst zu finden, sich mir gleichgesetzt hat, überließ ich ihn sich selbst. Und indem ich die Geschöpfe, die ihm untertan waren, gegen ihn aufbrachte, machte ich sie ihm zu Feinden: so ist jetzt der Mensch den Tieren gleich geworden, und er steht in einer solchen Ferne zu mir, daß ihm kaum noch ein schwaches Licht von seinem Schöpfer verblieben ist: so sehr sind alle seine Erkenntnisse erloschen oder getrübt! Die Sinne, die unabhängig von der Vernunft und oft deren Herren sind, rissen ihn zur Jagd nach der Lust. Alles Geschaffene quält ihn oder führt ihn in Versuchung und beherrscht ihn, indem es ihn entweder durch seine Macht unterwirft oder ihn durch seine Verlockung bezaubert — eine noch schrecklichere und gewaltigere Herrschaft!

In diesem Zustand befinden sich jetzt die Menschen. Irgendwie ist ihnen ein machtloser Trieb vom Glück ihrer ersten Natur verblieben, und sie sind in den Nöten ihrer Blindheit und ihrer bösen Begierden versunken, die ihre zweite Natur geworden sind.

In diesem Grund, den ich euch eröffne, könnt ihr die Ursache so vieler Widersprüche erkennen, die alle Menschen in Erstaunen versetzt und in so verschiedene Meinungen gespalten haben. Betrachtet jetzt alle Regungen der Größe und des Geltungsdrangs, die so viele Prüfungen durch das Elend nicht ersticken können, und überlegt, ob der Grund dafür nicht in einer anderen Natur liegen muß.

Vergeblich sucht ihr Menschen das Mittel gegen euer Elend in euch selbst. Alle eure Einsichten können nur zu

[430/4] vos lumières ne peuvent arriver qu'à connaître que ce n'est point dans vous-mêmes que vous trouverez ni la vérité ni le bien. Les philosophes vous l'ont promis, et ils n'ont pu le faire. Ils ne savent ni quel est votre véritable bien, ni quel est votre véritable état. Comment auraient-ils donné des remèdes à vos maux, qu'ils n'ont pas seulement connus ? Vos maladies principales sont l'orgueil, qui vous soustrait de Dieu, la concupiscence qui vous attache à la terre; et ils n'ont fait autre chose qu'entretenir au moins l'une de ces maladies. S'ils vous ont donné Dieu pour objet, ce n'a été que pour exercer votre superbe : ils vous ont fait penser que vous lui étiez semblables et conformes par votre nature. Et ceux qui ont [vu] la vanité de cette prétention vous ont jeté dans l'autre précipice, en vous faisant entendre que votre nature était pareille à celle des bêtes, et vous ont porté à chercher votre bien dans les concupiscences qui sont le partage des animaux. Ce n'est pas là le moyen de vous guérir de vos injustices, que ces sages n'ont point connues. Je puis seule vous faire entendre qui vous êtes, à . . .»

Adam, Jésus-Christ.

Si on vous unit à Dieu, c'est par grâce, non par nature. Si on vous abaisse, c'est par pénitence, non par nature.

Ainsi cette double capacité . . .

Vous n'êtes pas dans l'état de votre création.

Ces deux états étant ouverts, il est impossible que vous ne les reconnaissiez pas. Suivez vos mouvements, observez-vous vous-mêmes, et voyez si vous

der Erkenntnis kommen, daß ihr in euch selbst weder die Wahrheit noch das Heil finden werdet. Die Philosophen haben es euch versprochen, und sie haben es nicht vermocht. Sie wissen weder, was euer wahres Heil, noch was eure wirkliche Situation ist. Wie hätten sie Mittel gegen eure Leiden geben können, welche sie nicht einmal erkannten? Eure hauptsächlichen Krankheiten sind der Stolz, der euch von Gott wegzieht, und die Begierden, die euch an die Erde binden; und sie vermochten nichts anderes, als wenigstens eine dieser Krankheiten zu fördern. Gott haben sie euch nur als Ziel hingestellt, um euern Hochmut zu beschäftigen: sie ließen euch glauben, daß ihr ihm wesensmäßig ähnlich und gleichartig seid.

Und jene, die die Eitelkeit dieser Vermessenheit einsahen, haben euch in den anderen Abgrund gestoßen, indem sie euch zu verstehen gaben, daß eure Natur der Natur der Tiere ähnlich sei; und sie brachten euch dazu, euer Heil in den Begierden zu suchen, die das Los der Tiere sind. Darin liegt nicht das Mittel, euch von euren Ungerechtigkeiten zu heilen, welche diese Weisen nicht erkannten. Ich allein vermag euch begreifbar zu machen, wer ihr seid..."

Adam, Jesus Christus.

Wenn ihr mit Gott vereint werdet, so bewirkt das die Gnade, nicht die Natur. Wenn ihr erniedrigt werdet, so geschieht es zur Buße, nicht durch die Natur.

So verhält es sich mit diesem doppelten Vermögen...

Ihr befindet euch nicht im Zustand eurer Erschaffung.

Nachdem diese beiden Seiten euch enthüllt sind, ist es unmöglich, daß ihr sie nicht anerkennt. Folgt euren Regungen, beobachtet euch selbst, und seht zu, ob ihr nicht die leben-

[430/5] n'y trouverez pas les caractères vivants de ces deux natures. Tant de contradictions se trouveraient-elles dans un sujet simple ?

— Incompréhensible. — Tout ce qui est incompréhensible ne laisse pas d'être. Le nombre infini. Un espace infini égal au fini.

— Incroyable que Dieu s'unisse à nous. — Cette considération n'est tirée que de la vue de notre bassesse. Mais si vous l'avez bien sincère, suivez-la aussi loin que moi, et reconnaissez que nous sommes en effet si bas, que nous sommes par nous-mêmes incapables de connaître si sa miséricorde ne peut pas nous rendre capables de lui. Car je voudrais savoir d'où cet animal, qui se reconnaît si faible, a le droit de mesurer la miséricorde de Dieu, et d'y mettre les bornes que sa fantaisie lui suggère. Il sait si peu ce que c'est que Dieu, qu'il ne sait pas ce qu'il est lui-même ; et, tout troublé de la vue de son propre état, il ose dire que Dieu ne le peut pas rendre capable de sa communication.

Mais je voudrais lui demander si Dieu demande autre chose de lui, sinon qu'il l'aime et le connaisse; et pourquoi il croit que Dieu ne peut se rendre connaissable et aimable à lui, puisqu'il est naturellement capable d'amour et de connaissance. Il est sans doute qu'il connaît au moins qu'il est, et qu'il aime quelque chose. Donc, s'il voit quelque chose dans les ténèbres où il est, et s'il trouve quelque sujet d'amour parmi les choses de la terre, pourquoi, si Dieu lui donne quelque rayon de son essence, ne sera-t-il pas capable de le connaître et

digen Zeichen dieser beiden Naturen in euch finden werdet. Sollten sich so viele Widersprüche in einem einfachen Wesen finden?

— Unfaßbar. — Alles, was unfaßbar ist, hört darum nicht auf zu existieren. Die unendliche Zahl. Ein unendlicher Raum ist dem endlichen gleich.

Unglaublich, daß Gott sich mit uns vereint. — Diese Überlegung läßt sich nur von der Perspektive unserer Minderwertigkeit herleiten. Aber wenn ihr sie ganz aufrichtig vollzogen habt, dann geht mit ihr so weit wie ich und erkennt, daß wir tatsächlich so minderwertig sind, daß wir aus eigener Kraft zu der Erkenntnis nicht befähigt sind, ob sein Erbarmen uns seiner nicht fähig machen kann. Denn ich möchte wissen, woher dieses Lebewesen, das seine eigene Schwäche erkennt, das Recht hat, Gottes Erbarmen zu messen und ihm die Grenzen zu setzen, die ihm seine Phantasie nahelegt. Er weiß so wenig, was Gott ist, daß er nicht weiß, was er selbst ist; und ganz verwirrt vom Anblick seines eigenen Zustands wagt er zu sagen, Gott könne ihn zu der Vereinigung mit ihm nicht fähig machen.

Aber ich möchte ihn fragen, ob Gott von ihm etwas anderes verlangt, als daß er ihn liebt und anerkennt, und warum er meint, Gott könne sich ihm nicht zu erkennen geben und sich für ihn nicht liebenswert machen, da er doch von Natur aus der Liebe und Erkenntnis fähig ist.

Es besteht kein Zweifel, daß der Mensch wenigstens weiß, daß er ist und daß er etwas liebt. Wenn er also inmitten der Finsternis, in der er lebt, etwas sieht, und unter den Dingen auf Erden etwas zu lieben findet, warum sollte er, wenn Gott ihm einen Strahl seines Wesens verleiht, nicht fähig sein, ihn zu erken-

[430/6] de l'aimer en la manière qu'il lui plaira se communiquer à nous ? Il y a donc sans doute une présomption insupportable dans ces sortes de raisonnements, quoiqu'ils paraissent fondés sur une humilité apparente, qui n'est ni sincère, ni raisonnable, si elle ne nous fait confesser que, ne sachant de nous-mêmes qui nous sommes, nous ne pouvons l'apprendre que de Dieu.

« Je n'entends pas que vous soumettiez votre créance à moi sans raison, et ne prétends pas vous assujettir avec tyrannie. Je ne prétends pas aussi vous rendre raison de toutes choses. Et pour accorder ces contrariétés, j'entends vous faire voir clairement, par des preuves convaincantes, des marques divines en moi, qui vous convainquent de ce que je suis, et m'attirent autorité par des merveilles et des preuves que vous ne puissiez refuser ; et qu'ensuite vous croyez sans [hésiter] les choses que je vous enseigne, quand vous n'y trouverez autre sujet de les refuser, sinon que vous ne pouvez par vous-mêmes connaître si elles sont ou non.

« Dieu a voulu racheter les hommes, et ouvrir le salut à ceux qui le cherchaient. Mais les hommes s'en rendent si indignes qu'il est juste que Dieu refuse à quelques-uns, à cause de leur endurcissement, ce qu'il accorde aux autres par une miséricorde qui ne leur est pas due. S'il eût voulu surmonter l'obstination des plus endurcis, il l'eût pu, en se découvrant si manifestement à eux qu'ils n'eussent pu douter de la vérité de son essence, comme il paraîtra au dernier jour, avec un tel éclat de foudres

nen und ihn in der Weise zu lieben, wie er sich gerne uns mitteilen möchte? In solchen Überlegungen steckt zweifellos eine unerträgliche Vermessenheit, auch wenn sie in einer eindeutigen Demut begründet scheinen, die weder aufrichtig noch vernünftig ist,

wenn wir damit nicht bekennen, daß wir aus eigener Kraft nicht wissen, wer wir sind, und es nur durch Gott erfahren können.

„Ich verlange nicht, daß ihr mir euren Glauben ohne Grund unterwerft, und ich habe nicht die Absicht, euch tyrannisch zu unterjochen. Ich beabsichtige auch nicht, euch über alles Rechenschaft zu geben. Und um diese Widersprüche in Einklang zu bringen, will ich euch eindeutig durch überzeugende Beweise göttliche Merkmale in mir zeigen, die euch von dem überzeugen sollen, was ich bin, und mir durch Wunder und Beweise, die ihr nicht ablehnen könnt, Autorität verschaffen sollen; und dann werdet ihr ohne Zögern das glauben, was ich euch lehre, da ihr auch zur Ablehnung keinen anderen Grund finden werdet, als daß ihr aus eigener Einsicht nicht erkennen könnt, ob es das gibt oder nicht.

„Gott wollte die Menschen erlösen und denen das Heil eröffnen, die ihn gesucht haben. Aber die Menschen erweisen sich seiner so unwürdig, daß es gerecht ist, wenn Gott einigen wegen der Verhärtung ihrer Herzen das verweigert, was er den anderen in ungeschuldetem Erbarmen gewährt. Hätte er den Widerstand der Verstocktesten brechen wollen, so hätte er es dadurch vermocht, daß er sich ihnen so eindeutig offenbarte, daß sie an der Wahrheit seines Wesens nicht hätten zweifeln können, wie er am Jüngsten Tag in solchem Glanz der Blitze und mit einer solchen Erschütte-

[430/7] et un tel renversement de la nature, que les morts ressuscités et les plus aveugles le verront.

« Ce n'est pas en cette sorte qu'il a voulu paraître, dans son avénement de douceur; parce que tant d'hommes se rendant indignes de sa clémence, il a voulu les laisser dans la privation du bien qu'ils ne veulent pas. Il n'était donc pas juste qu'il parût d'une manière manifestement divine, et absolument capable de convaincre tous les hommes; mais il n'était pas juste aussi qu'il vînt d'une manière si cachée, qu'il ne pût être connu de ceux qui le chercheraient sincèrement. Il a voulu se rendre parfaitement connaissable à ceux-là; et ainsi, voulant paraître à découvert à ceux qui le cherchent de tout leur cœur, et caché à ceux qui le fuient de tout leur cœur, il tempère sa connaissance, en sorte qu'il a donné des marques de soi visibles à ceux qui le cherchent, et non à ceux qui ne le cherchent pas. Il y a assez de lumière pour ceux qui ne désirent que de voir, et assez d'obscurité pour ceux qui ont une disposition contraire. »

431 Nul autre n'a connu que l'homme est la plus excellente créature. Les uns, qui ont bien connu la réalité de son excellence, ont pris pour lâcheté et pour ingratitude les sentiments bas que les hommes ont naturellement d'eux-mêmes; et les autres, qui ont bien connu combien cette bassesse est effective, ont traité d'une superbe ridicule ces sentiments de grandeur, qui sont aussi naturels à l'homme.

rung der Natur erscheinen wird, daß die vom Tode Auferweckten und die Verblendetsten ihn sehen werden.

„Nicht so wollte er in dem Reich seiner Güte erscheinen; weil so viele Menschen sich seiner Milde unwürdig erwiesen, wollte er sie in der Entbehrung jenes Guten belassen, das sie nicht wollen. Es wäre also nicht gerecht gewesen, wenn er auf eine so offensichtlich göttliche Weise erschienen wäre, die unbedingt geeignet gewesen wäre, alle Menschen zu überzeugen. Aber es wäre auch nicht gerecht, wenn er auf so verborgene Weise gekommen wäre, daß er von denen nicht erkannt werden konnte, die ihn aufrichtig suchen würden. Diesen wollte er sich vollkommen erkennbar machen: und da er denen offen erscheinen wollte, die ihn aus ganzem Herzen suchen, aber verborgen denen, die vor ihm aus ganzem Herzen fliehen, schränkt er seine Erkennbarkeit so ein, daß er denen, die ihn suchen, erkennbare Zeichen von sich gab, nicht aber denen, die ihn nicht suchen. Es gibt genügend Licht für die, welche sich nur danach sehnen, ihn zu sehen, und genügend Dunkelheit für die, welche eine entgegengesetzte Neigung haben."

Kein anderer hat erkannt, daß der Mensch das vorzüglichste Geschöpf ist. Die einen, die die Tatsache seiner Auszeichnung erkannten, haben die Gefühle der Minderwertigkeit, die die Menschen von Natur aus vor sich selbst empfinden, für Feigheit und Undankbarkeit gehalten; und die anderen, die sehr wohl erkannten, wie durchaus real diese Minderwertigkeit ist, behandelten diese Gefühle der Größe, die auch zur Natur des Menschen gehören, als lächerlichen Hochmut.

[431/2]   « Levez vos yeux vers Dieu, disent les uns ; voyez celui auquel vous ressemblez, et qui vous a fait pour l'adorer. Vous pouvez vous rendre semblable à lui ; la sagesse vous y égalera, si vous voulez le suivre. » « Haussez la tête, hommes libres », dit Épictète. Et les autres lui disent : « Baissez vos yeux vers la terre, chétif ver que vous êtes, et regardez les bêtes dont vous êtes le compagnon. »

Que deviendra donc l'homme ? Sera-t-il égal à Dieu ou aux bêtes ? Quelle effroyable distance ! Que serons-nous donc ? Qui ne voit par tout cela que l'homme est égaré, qu'il est tombé de sa place, qu'il la cherche avec inquiétude, qu'il ne la peut plus retrouver ? Et qui l'y adressera donc ? Les plus grands hommes ne l'ont pu.

434 (...) Quelle chimère est-ce donc que l'homme ? Quelle nouveauté, quel monstre, quel chaos, quel sujet de contradiction, quel prodige ! Juge de toutes choses, imbécile ver de terre ; dépositaire du vrai, cloaque d'incertitude et d'erreur ; gloire et rebut de l'univers.

(...)

Connaissez donc, superbe, quel paradoxe vous êtes à vous-mêmes. Humiliez-vous, raison impuissante ; taisez-vous, nature imbécile : apprenez que l'homme passe infiniment l'homme, et entendez de votre maître votre condition véritable que vous ignorez. Écoutez Dieu.

Car enfin, si l'homme n'avait jamais été corrompu, il jouirait dans son innocence et de la

„Schaut zu Gott empor", sagen die einen; „seht auf den, dem ihr ähnlich seid und der euch zu seiner Anbetung geschaffen hat. Ihr könnt ihm ähnlich werden; die Weisheit wird euch ihm angleichen, wenn ihr ihm folgen wollt." „Kopf hoch, freie Menschen!", sagt Epiktet. Und die anderen sagen ihm: „Schlagt die Augen zur Erde nieder, kümmerliches Gewürm, das ihr seid, und schaut auf die Tiere, deren Gefährten ihr seid."

Was wird also der Mensch werden? Wird er Gott oder den Tieren gleich sein? Welch entsetzlicher Abstand! Was wird aus uns nun werden? Wer sieht nicht aus all dem, daß der Mensch auf Irrwege geraten ist, daß er ortlos geworden ist, daß er seinen Ort ruhelos sucht und daß er ihn nicht mehr wiederfinden kann? Wer aber wird ihn nun dorthin weisen? Die größten Menschen haben es nicht vermocht.

(...) Was für eine Chimäre ist doch der Mensch? Welche Sensation, welches Ungeheuer, welches Chaos, welches Ding des Widerspruchs, welches Wunder! Richter aller Dinge, einfältiger Erdenwurm; Hüter des Wahren, Kloake der Ungewißheit und des Irrtums; Glanz und Auswurf des Weltalls.

(...)

Erkenne also, du Hochmütiger, welches Paradox du für dich selbst bist! Demütige dich, ohnmächtige Vernunft, schweig, einfältige Natur: begreife, daß der Mensch unendlich den Menschen übersteigt, und laß dir von deinem Meister dein wahres Menschsein erklären, von dem du nichts weißt! Höre auf Gott!

Denn wäre schließlich der Mensch niemals verderbt worden, so würde er in Unschuld noch mit Sicherheit die Wahr-

[434/2] vérité et de la félicité avec assurance; et si l'homme n'avait jamais été que corrompu, il n'aurait aucune idée ni de la vérité ni de la béatitude. Mais, malheureux que nous sommes, et plus que s'il n'y avait point de grandeur dans notre condition, nous avons une idée du bonheur, et ne pouvons y arriver; nous sentons une image de la vérité, et ne possédons que le mensonge; incapables d'ignorer absolument et de savoir certainement, tant il est manifeste que nous avons été dans un degré de perfection dont nous sommes malheureusement déchus!

Chose étonnante, cependant, que le mystère le plus éloigné de notre connaissance, qui est celui de la transmission du péché, soit une chose sans laquelle nous ne pouvons avoir aucune connaissance de nous-mêmes! Car il est sans doute qu'il n'y a rien qui choque plus notre raison que de dire que le péché du premier homme ait rendu coupables ceux qui, étant si éloignés de cette source, semblent incapables d'y participer. Cet écoulement ne nous paraît pas seulement impossible, il nous semble même très injuste; car qu'y a-t-il de plus contraire aux règles de notre misérable justice que de damner éternellement un enfant incapable de volonté, pour un péché où il paraît avoir si peu de part, qu'il est commis six mille ans avant qu'il fût en être? Certainement rien ne nous heurte plus rudement que cette doctrine; et cependant! sans ce mystère, le plus incompréhensible de tous, nous sommes incompréhensibles à nous-mêmes. Le nœud de

heit und das Glück genießen; und wenn der Mensch seit je verderbt gewesen wäre, so hätte er überhaupt keine Vorstellung von der Wahrheit und von der Glückseligkeit. Aber unglücklich, wie wir sind, und noch unglücklicher, wenn es überhaupt keine Größe in unserem Menschsein gäbe, haben wir eine Vorstellung vom Glück und können dorthin doch nicht gelangen; wir spüren ein Bild von der Wahrheit und besitzen doch nur die Lüge; wir sind unfähig, schlechthin unwissend zu sein und etwas mit Gewißheit zu erkennen; so eindeutig ist es, daß wir auf einer Stufe der Vollkommenheit standen, von der wir zu unserem Unglück herabgestürzt sind.

Aber es ist erstaunlich, daß das Geheimnis, das unserer Erkenntnis am wenigsten zugänglich ist, nämlich das Geheimnis von der Vererbung der Sünde, etwas ist, ohne das wir überhaupt keine Selbsterkenntnis besitzen können. Denn es besteht kein Zweifel, daß unsere Vernunft nichts mehr ärgert, als wenn man sagt, die Sünde des ersten Menschen habe jene schuldig gemacht, die von diesem Ursprung so weit entfernt sind, daß sie für die Teilhabe daran unfähig erscheinen.

Dieses Fortwirken der Sünde scheint uns nicht nur unmöglich, es erscheint uns sogar sehr ungerecht; denn was widerspricht den Regeln unserer armseligen Gerechtigkeit mehr, als für alle Ewigkeit ein entscheidungsunfähiges Kind wegen einer Sünde zu verdammen, an der es so wenig teilzuhaben scheint, weil sie 6000 Jahre vor seiner Geburt begangen wurde? Bestimmt bereitet uns nichts ein heftigeres Ärgernis als diese Lehre; und dennoch: ohne dieses Geheimnis, das unbegreiflichste von allen, sind wir uns selbst unbegreiflich. Der Knoten unseres Menschseins hat seine Krüm-

[434/3] notre condition prend ses replis et ses tours dans cet abîme; de sorte que l'homme est plus inconcevable sans ce mystère que ce mystère n'est inconcevable à l'homme. D'où il paraît que Dieu, voulant nous rendre la difficulté de notre être inintelligible à nous-mêmes, en a caché le nœud si haut, ou, pour mieux dire, si bas, que nous étions bien incapables d'y arriver; de sorte que ce n'est pas par les superbes agitations de notre raison, mais par la simple soumission de la raison, que nous pouvons véritablement nous connaître.

Ces fondements, solidement établis sur l'autorité inviolable de la religion, nous font connaître qu'il y a deux vérités de foi également constantes: l'une, que l'homme dans l'état de la création ou dans celui de la grâce est élevé au-dessus de toute la nature, rendu comme semblable à Dieu, et participant de sa divinité, l'autre qu'en l'état de la corruption et de péché, il est déchu de cet état et rendu semblable aux bêtes. (...)

437 Nous souhaitons la vérité, et ne trouvons en nous qu'incertitude.

Nous cherchons le bonheur, et ne trouvons que misère et mort.

Nous sommes incapables de ne pas souhaiter la vérité et le bonheur, et sommes incapables ni de certitude ni de bonheur. Ce désir nous est laissé, tant pour nous punir, que pour nous faire sentir d'où nous sommes tombés.

mungen und Windungen in diesem Abgrund; so ist der Mensch ohne dieses Geheimnis unbegreiflicher, als dieses Geheimnis dem Menschen unbegreiflich ist. Daraus wird eindeutig klar, daß Gott uns die Schwierigkeit unseres Wesens für uns selbst uneinsichtig machen wollte;

er hat deshalb den Knoten so hoch oder, besser gesagt, so tief verborgen, daß wir ganz unfähig waren, dahin zu gelangen; so können wir uns nicht durch die hochmütigen Anstrengungen unserer Vernunft, sondern nur durch die Unterwerfung der Vernunft wirklich selbst erkennen.

Diese Grundlagen, die sich fest auf die unverletzliche Autorität der Religion stützen, lassen uns erkennen, daß es zwei gleich beständige Glaubenswahrheiten gibt: erstens, daß der Mensch im Zustand der Erschaffung oder im Zustand der Gnade über die ganze Natur erhöht worden ist, als Gottes Ebenbild geschaffen und seiner Gottheit teilhaftig; zweitens, daß er im Zustand der Verderbtheit und der Sünde aus diesem Zustand herabgestürzt ist und zum Abbild der Tiere wurde. (...)

Wir wünschen die Wahrheit und finden in uns nur Ungewißheit.

Wir sind auf der Suche nach dem Glück und finden nur Elend und Tod.

Wir sind unfähig, Wahrheit und Glück nicht zu wünschen, und sind doch der Gewißheit und des Glücks nicht fähig. Diese Sehnsucht ist uns verblieben, einmal um uns zu strafen, dann aber auch um uns spüren zu lassen, aus welcher Höhe wir gefallen sind.

477 Il est faux que nous soyons dignes que les autres nous aiment, il est injuste que nous le voulions. Si nous naissions raisonnables, et indifférents, et connaissant nous et les autres, nous ne donnerions point cette inclination à notre volonté. Nous naissons pourtant avec elle; nous naissons donc injustes, car tout tend à soi. Cela est contre tout ordre: il faut tendre au général; et la pente vers soi est le commencement de tout désordre, en guerre, en police, en économie, dans le corps particulier de l'homme. La volonté est donc dépravée.

Si les membres des communautés naturelles et civiles tendent au bien du corps, les communautés elles-mêmes doivent tendre à un autre corps plus général, dont elles sont membres. L'on doit donc tendre au général. Nous naissons donc injustes et dépravés.

494 Il faudrait que la vraie religion enseignât la grandeur, la misère, portât à l'estime et au mépris de soi, à l'amour et à la haine.

510 L'homme n'est pas digne de Dieu, mais il n'est pas incapable d'en être rendu digne.

Il est indigne de Dieu de se joindre à l'homme misérable; mais il n'est pas indigne de Dieu de le tirer de sa misère.

548 Non seulement nous ne connaissons Dieu que par Jésus-Christ, mais nous ne nous connaissons nous-mêmes que par Jésus-Christ. Nous ne connaissons

Es ist falsch zu meinen, wir seien würdig, von den anderen geliebt zu werden; es ist ungerecht, das zu verlangen. Wären wir von Natur vernünftig und leidenschaftslos, würden wir uns selbst und die anderen kennen, so würden wir dieser Neigung unseres Willens nicht nachgeben. Wir kommen aber mit dieser Neigung auf die Welt; wir werden also ungerecht geboren. Denn alles strebt zu sich selbst. Das ist gegen jede Ordnung: man muß zum Allgemeinen streben, und der Hang zu sich selbst ist der Anfang aller Unordnung, im Kriege, in der Politik, in der Wirtschaft, im eigenen Leib des Menschen. Der Wille ist also verderbt.

Wenn die Glieder der natürlichen und politischen Gemeinschaften zum Wohl der Gesamtheit streben, dann müssen die Gemeinschaften selbst eine andere, allgemeinere Gemeinschaft erstreben, deren Glieder sie sind. Man muß also zum Allgemeinen streben. Wir werden also ungerecht und verderbt geboren.

Die wahre Religion sollte Größe und Elend lehren, den Menschen zu Achtung und Verachtung seiner selbst anleiten, zu Liebe und Haß.

Der Mensch ist Gottes nicht würdig, aber er ist nicht unfähig, diese Würde zu empfangen.

Gottes ist es nicht würdig, sich mit dem armseligen Menschen zu verbinden; aber Gottes ist es nicht unwürdig, ihn aus seinem Elend zu ziehen.

Nicht allein Gott erkennen wir nur durch Jesus Christus, sondern wir erkennen auch uns nur durch Jesus Christus. Wir erkennen das Leben und den Tod nur durch Jesus Chri-

[548/2] la vie, la mort que par Jésus-Christ. Hors de Jésus-Christ, nous ne savons ce que c'est ni que notre vie, ni que notre mort, ni que Dieu, ni que nous-mêmes.

Ainsi, sans l'Écriture, qui n'a que Jésus-Christ pour objet, nous ne connaissons rien, et ne voyons qu'obscurité et confusion dans la nature de Dieu et dans la propre nature.

550 J'aime la pauvreté, parce qu'Il l'a aimée. J'aime les biens, parce qu'ils donnent le moyen d'en assister les misérables. Je garde fidélité à tout le monde, je [ne] rends pas le mal à ceux qui m'en font; mais je leur souhaite une condition pareille à la mienne, où l'on ne reçoit pas de mal ni de bien de la part des hommes. J'essaye d'être juste, véritable, sincère et fidèle à tous les hommes; et j'ai une tendresse de cœur pour ceux à qui Dieu m'a uni plus étroitement; et soit que je sois seul, ou à la vue des hommes, j'ai en toutes mes actions la vue de Dieu qui les doit juger, et à qui je les ai toutes consacrées.

Voilà quels sont mes sentiments, et je bénis tous les jours de ma vie mon Rédempteur qui les a mis en moi, et qui, d'un homme plein de faiblesses, de misères, de concupiscence, d'orgueil et d'ambition, a fait un homme exempt de tous ces maux par la force de sa grâce, à laquelle toute la gloire en est due, n'ayant de moi que la misère et l'erreur.

556 (...) Le Dieu des Chrétiens ne consiste pas en un Dieu simplement auteur des vérités géométriques et de l'ordre des éléments; c'est la part des païens

stus. Ohne Jesus Christus wissen wir nicht, was unser Leben, noch was unser Tod ist, was Gott, noch was wir selbst sind.

So erkennen wir nichts ohne die Schrift, die nur Jesus Christus zum Gegenstand hat, und wir sehen nur Dunkelheit und Verworrenheit in Gottes und in unserer eigenen Natur.

Ich liebe die Armut, weil Er sie geliebt hat. Ich liebe die irdischen Güter, weil sie mir die Möglichkeit geben, damit die Armen zu unterstützen. Jedem Menschen halte ich die Treue; ich zahle das Böse denen nicht zurück, die mir Böses antun; aber ich wünsche ihnen ein Leben, das meinem Leben gleicht, wo man weder Böses noch Gutes von den Menschen empfängt. Ich bemühe mich, allen Menschen gegenüber gerecht, wahrhaftig, aufrichtig und treu zu sein; und ich empfinde herzliche Zuneigung für die, mit denen mich Gott enger verbunden hat; ob ich allein bin oder im Blickfeld der Menschen, in allem, was ich tue, schaue ich auf Gott, der es beurteilen soll und dem all mein Tun gehört.

Das sind meine Empfindungen, und jeden Tag meines Lebens preise ich meinen Erlöser, der sie in mir angelegt hat und der aus einem Menschen voller Schwächen, Armseligkeit, Begierden, Stolz und Ehrgeiz einen Menschen gemacht hat, der von diesen Übeln durch die Kraft seiner Gnade erlöst wurde, welcher dafür alle Ehre gebührt, da ich bei mir nur Armseligkeit und Irrtum finde.

(...) Der Gott der Christen ist nicht ein Gott, der einfach Urheber der mathematischen Wahrheiten und der Ordnung der Elemente ist; das ist die Anschauung der Heiden und

[556/2] et des épicuriens. Il ne consiste pas seulement en un Dieu qui exerce sa providence sur la vie et sur les biens des hommes, pour donner une heureuse suite d'années à ceux qui l'adorent ; c'est la portion des Juifs. Mais le Dieu d'Abraham, le Dieu d'Isaac, le Dieu de Jacob, le Dieu des Chrétiens, est un Dieu d'amour et de consolation, c'est un Dieu qui remplit l'âme et le cœur de ceux qu'il possède, c'est un Dieu qui leur fait sentir intérieurement leur misère, et sa miséricorde infinie ; qui s'unit au fond de leur âme ; qui la remplit d'humilité, de joie, de confiance, d'amour ; qui les rend incapables d'autre fin que de lui-même.

Tous ceux qui cherchent Dieu hors de Jésus-Christ, et qui s'arrêtent dans la nature, ou ils ne trouvent aucune lumière qui les satisfasse, ou ils arrivent à se former un moyen de connaître Dieu et de le servir sans médiateur, et par là ils tombent, ou dans l'athéisme ou dans le déisme, qui sont deux choses que la religion chrétienne abhorre presque également.

Sans Jésus-Christ le monde ne subsisterait pas ; car il faudrait, ou qu'il fût détruit, ou qu'il fût comme un enfer.

Si le monde subsistait pour instruire l'homme de Dieu, sa divinité y reluirait de toutes parts d'une manière incontestable ; mais, comme il ne subsiste que par Jésus-Christ et pour Jésus-Christ, et pour instruire les hommes et de leur corruption et de leur rédemption, tout y éclate des preuves de ces deux vérités.

der Epikuräer. Er ist nicht nur ein Gott, der seine Vorsehung über dem Leben und den Gütern der Menschen walten läßt, um denen, die ihn anbeten, eine glückliche Reihe von Jahren zu schenken; das ist die Anschauung der Juden.

Aber der Gott Abrahams, der Gott Isaaks, der Gott Jakobs, der Gott der Christen ist ein Gott der Liebe und des Trostes, er ist ein Gott, der Herz und Seele der Seinen erfüllt, er ist ein Gott, der sie in ihrem Herzen zugleich ihre Armseligkeit und sein unendliches Erbarmen erfahren läßt, der sich in der Tiefe ihrer selbst mit ihnen vereint, der sie mit Demut, Freude, Vertrauen und Liebe erfüllt; der sie unfähig macht, ein anderes Ziel als ihn selbst zu haben.

Alle, die Gott ohne Jesus Christus suchen und bei der Natur stehen bleiben, finden entweder keine Einsicht, die sie befriedigen könnte, oder sie schaffen sich schließlich eine Möglichkeit, Gott zu erkennen und ihm ohne einen Mittler zu dienen;

und dadurch verfallen sie entweder dem Atheismus oder dem Deismus, welche die christliche Religion beide fast gleich stark verabscheut.

Ohne Jesus Christus würde die Welt keinen Bestand haben; denn sie müßte entweder zerstört werden oder wie eine Hölle sein.

Bestünde die Welt, um den Menschen über Gott zu belehren, so würde seine Gottheit unbestritten überall aus ihr hervorleuchten; da sie aber nur durch Jesus Christus und für Jesus Christus besteht sowie zur Belehrung der Menschen über ihre Verderbtheit und ihre Erlösung, erstrahlt in ihr alles von Beweisen für diese beiden Wahrheiten.

[556/3] Ce qui y paraît ne marque ni une exclusion totale, ni une présence manifeste de divinité, mais la présence d'un Dieu qui se cache. (...)

557 Il est donc vrai que tout instruit l'homme de sa condition, mais il le faut bien entendre : car il n'est pas vrai que tout découvre Dieu, et il n'est pas vrai que tout cache Dieu. Mais il est vrai tout ensemble qu'il se cache à ceux qui le tentent, et qu'il se découvre à ceux qui le cherchent, parce que les hommes sont tout ensemble indignes de Dieu, et capables de Dieu ; indignes par leur corruption, capables par leur première nature.

562 Il n'y a rien sur la terre qui ne montre, ou la misère de l'homme, ou la miséricorde de Dieu ; ou l'impuissance de l'homme sans Dieu, ou la puissance de l'homme avec Dieu.

586 S'il n'y avait point d'obscurité, l'homme ne sentirait point sa corruption ; s'il n'y avait point de lumière, l'homme n'espérerait point de remède. Ainsi, il est non seulement juste, mais utile pour nous, que Dieu soit caché en partie, et découvert en partie, puisqu'il est également dangereux à l'homme de connaître Dieu sans connaître sa misère, et de connaître sa misère sans connaître Dieu.

693 En voyant l'aveuglement et la misère de l'homme, en regardant tout l'univers muet, et l'homme sans

Was in ihr offenbar ist, läßt weder eine vollkommene Abwesenheit noch eine eindeutige Anwesenheit der Gottheit erkennen, wohl aber die Gegenwart eines verborgenen Gottes. (...)

Es ist also wahr, daß alles den Menschen über sein Menschsein unterrichtet, aber er muß es recht verstehen: denn es ist nicht wahr, daß alles Gott offenbart; und es ist nicht wahr, daß alles Gott verbirgt. Aber es ist zugleich wahr, daß er sich vor denen verbirgt, die ihn versuchen, und sich denen offenbart, die ihn suchen, weil die Menschen zugleich Gottes unwürdig und Gottes fähig sind; unwürdig durch ihre Verderbtheit, fähig aber durch ihre erste Natur.

Es gibt nichts auf Erden, das nicht das Elend des Menschen oder Gottes Erbarmen anzeigt; entweder die Ohnmacht des Menschen ohne Gott oder die Macht des Menschen mit Gott.

Wenn es keine Dunkelheit gäbe, würde der Mensch seine Verderbtheit nicht erfahren; wenn es kein Licht gäbe, würde der Mensch nicht auf Heilung hoffen. So ist es nicht nur gerecht, sondern für uns auch nützlich, daß Gott zum Teil verborgen, zum Teil aber offenbar ist, da es ja für den Menschen in gleicher Weise gefährlich ist, Gott zu erkennen, ohne um seine Armseligkeit zu wissen, und seine Armseligkeit zu erkennen, ohne um Gott zu wissen.

Wenn ich die Blindheit und die Armseligkeit des Menschen sehe, wenn ich betrachte, wie das ganze Weltall stumm ist

[693/2] lumière, abandonné à lui-même, et comme égaré dans ce recoin de l'univers, sans savoir qui l'y a mis, ce qu'il y est venu faire, ce qu'il deviendra en mourant, incapable de toute connaissance, j'entre en effroi comme un homme qu'on aurait porté endormi dans une île déserte et effroyable, et qui s'éveillerait sans connaître où il est, et sans moyen d'en sortir. Et sur cela j'admire comment on n'entre point en désespoir d'un si misérable état. Je vois d'autres personnes auprès de moi, d'une semblable nature : je leur demande s'ils sont mieux instruits que moi, ils me disent que non; et sur cela, ces misérables égarés, ayant regardé autour d'eux, et ayant vu quelques objets plaisants, s'y sont donnés et s'y sont attachés. Pour moi, je n'ai pu y prendre d'attache, et, considérant combien il y a plus d'apparence qu'il y a autre chose que ce que je vois, j'ai recherché si ce Dieu n'aurait point laissé quelque marque de soi.

Je vois plusieurs religions contraires, et partant toutes fausses, excepté une. Chacune veut être crue par sa propre autorité et menace les incrédules. Je ne les crois donc pas là-dessus. Chacun peut dire cela, chacun peut se dire prophète. Mais je vois la chrétienne où se trouvent des prophéties, et c'est ce que chacun ne peut pas faire.

793   La distance infinie des corps aux esprits figure la distance infiniment plus infinie des esprits à la charité car elle est surnaturelle.

und der Mensch ohne Einsicht, sich selbst überlassen und wie ein Verirrter in diesem Winkel des Weltalls, ohne zu wissen, wer ihn dorthin verwiesen hat, was er dort tun soll, was aus ihm werden soll, wenn er stirbt, zu jeder Erkenntnis unfähig, dann überkommt mich ein Schauder wie einen Menschen, den man schlafend auf eine verlassene und schreckliche Insel gebracht hätte und der erwacht wäre, ohne zu wissen, wo er sich befindet und ohne jede Möglichkeit, sie zu verlassen. Und dann wundere ich mich, wie man nicht über einen so armseligen Zustand in Verzweiflung gerät. In meiner Nähe sehe ich andere Menschen, deren Natur der meinen gleicht: ich frage sie, ob sie genauere Weisung als ich erhalten haben; sie sagen mir: nein. Und daraufhin haben sich diese armseligen Verirrten umgeschaut, einige angenehme Dinge entdeckt, sich ihnen hingegeben und sich an sie gehängt. Ich konnte mich meinerseits nicht daran binden; und wenn ich erwäge, wie sehr der Anschein dafür spricht, daß es noch etwas anderes gibt als das, was ich sehe, habe ich gesucht, ob dieser Gott nicht ein Zeichen von sich hinterlassen habe.

Ich sehe mehrere Religionen, die sich einander widersprechen und mit Ausnahme einer einzigen demnach alle falsch sein müssen. Jede erwartet, daß man ihr auf Grund ihrer eigenen Autorität glaubt, und jede bedroht die Ungläubigen. Ich glaube daraufhin nicht an sie. Jeder kann das sagen, und jeder kann von sich sagen, er sei ein Prophet. Aber ich sehe die christliche Religion, wo es Prophezeiungen gibt, und das vermag nicht jeder zu tun.

Der unendliche Abstand des Irdischen von den Geistern ist ein Bild für den unendlich unendlicheren Abstand der Geister von der Liebe; denn diese ist übernatürlich.

[793/2]   Tout l'éclat des grandeurs n'a point de lustre pour les gens qui sont dans les recherches de l'esprit.

La grandeur des gens d'esprit est invisible aux rois, aux riches, aux capitaines, à tous ces grands de chair.

La grandeur de la sagesse, qui n'est nulle sinon de Dieu, est invisible aux charnels et aux gens d'esprit. Ce sont trois ordres différant de genre.

Les grands génies ont leur empire, leur éclat, leur grandeur, leur victoire, leur lustre et n'ont nul besoin de grandeurs charnelles, où elles n'ont pas de rapport. Ils sont vus non des yeux, mais des esprits, c'est assez.

Les saints ont leur empire, leur éclat, leur victoire, leur lustre, et n'ont nul besoin des grandeurs charnelles ou spirituelles, où elles n'ont nul rapport, car elles n'y ajoutent ni ôtent.

Ils sont vus de Dieu et des anges, et non des corps ni des esprits curieux : Dieu leur suffit.

Archimède, sans éclat, serait en même vénération. Il n'a pas donné des batailles pour les yeux, mais il a fourni à tous les esprits ses inventions. Oh! qu'il a éclaté aux esprits!

Jésus-Christ, sans bien et sans aucune production au dehors de science, est dans son ordre de sainteté. Il n'a point donné d'invention, il n'a point régné; mais il a été humble, patient, saint, saint à Dieu, terrible aux démons, sans aucun péché. Oh! qu'il est venu en grande pompe et en

Alle Pracht irdischer Größe hat keinen Glanz für die Menschen, die auf der Suche nach dem Geist sind.

Die Größe der Menschen des Geistes ist unsichtbar für die Könige, für die Reichen, für die Feldherren, für alle, die in der menschlichen Welt groß sind.

Die Größe der Weisheit, die nur von Gott her groß ist, ist für die Menschen der irdischen Ordnung und für die Menschen des Geistes unsichtbar. Das sind drei Ordnungen verschiedener Art.

Die großen Geister der Menschheit haben ihr Reich, ihre Pracht, ihre Größe, ihren Sieg, ihren Glanz und bedürfen überhaupt nicht der irdischen Größe, mit der sie nichts gemeinsam haben. Sie sind nicht für die Augen, sondern für die Geister sichtbar; das genügt.

Die Heiligen haben ihr Reich, ihre Pracht, ihren Sieg, ihren Glanz, und sie bedürfen weder der irdischen noch der geistigen Größe, mit der sie nichts gemeinsam haben; denn sie fügt ihnen nichts hinzu und nimmt ihnen auch nichts. Sie sind für Gott und für die Engel sichtbar, nicht aber für die irdische Welt oder für die neugierigen Geister: Gott genügt ihnen.

Archimedes würde auch ohne äußere Pracht die gleiche Verehrung genießen. Er hat keine sichtbaren Schlachten geschlagen, aber allen Geistern hat er seine Erfindungen geschenkt. Wie hell hat er doch für die Geister geglänzt!

Jesus Christus, ohne Besitz und ohne wissenschaftliche Leistung für die Welt, steht in der Ordnung der Heiligkeit. Er hat keine Erfindung gemacht, er hat auch nicht regiert; aber er war demütig, geduldig, heilig, heilig vor Gott, schrecklich für die Dämonen, ohne eine Sünde. In welcher gewaltigen Pracht und in welch wunderbarer Herrlichkeit ist er doch

[793/3] une prodigieuse magnificence, aux yeux du cœur qui voient la sagesse !

Il eût été inutile à Archimède de faire le prince dans ses livres de géométrie, quoiqu'il le fût.

Il eût été inutile à Notre Seigneur Jésus-Christ, pour éclater dans son règne de sainteté, de venir, en roi; mais il y est bien venu avec l'éclat de son ordre !

Il est bien ridicule de se scandaliser de la bassesse de Jésus-Christ, comme si cette bassesse était du même ordre, duquel est la grandeur qu'il venait faire paraître. Qu'on considère cette grandeur-là dans sa vie, dans sa passion, dans son obscurité, dans sa mort, dans l'élection des siens, dans leur abandonnement, dans sa secrète résurrection, et dans le reste, on la verra si grande, qu'on n'aura pas sujet de se scandaliser d'une bassesse qui n'y est pas.

Mais il y en a qui ne peuvent admirer que les grandeurs charnelles, comme s'il n'y en avait pas de spirituelles; et d'autres qui n'admirent que les spirituelles, comme s'il n'y en avait pas d'infiniment plus hautes dans la sagesse.

Tous les corps, le firmament, les étoiles, la terre et ses royaumes, ne valent pas le moindre des esprits; car il connaît tout cela, et soi; et les corps, rien.

Tous les corps ensemble, et tous les esprits ensemble, et toutes leurs productions, ne valent pas le moindre mouvement de charité. Cela est d'un ordre infiniment plus élevé.

für die Augen des Herzens gekommen, die die Weisheit schauen!

Es wäre für Archimedes zwecklos gewesen, in seinen mathematischen Büchern den Fürsten zu spielen, obgleich er es war.

Es wäre für unseren Herrn Jesus Christus zwecklos gewesen, als König zu kommen, um in seinem Reich der Heiligkeit zu glänzen; aber er ist durchaus mit dem Glanz seiner Ordnung dort eingezogen.

Es ist recht lächerlich, an der Niedrigkeit Jesu Christi Anstoß zu nehmen, wie wenn diese Niedrigkeit von der gleichen Ordnung wäre wie die Größe, die zu offenbaren er kam. Man betrachte diese Größe in seinem Leben, in seinem Leiden, in seiner Verborgenheit, in seinem Tod, in der Erwählung der Seinen, in ihrer Verlassenheit, in seiner geheimen Auferstehung und in allem übrigen;

man wird sie so groß erleben, daß man keinen Anlaß hat, an seiner Niedrigkeit Anstoß zu nehmen, die es da nicht gibt.

Aber es gibt Menschen, die nur die irdische Größe bewundern können, wie wenn es keine geistige Größe gäbe; und andere, die nur die geistige Größe bewundern, wie wenn es nicht eine unendlich höhere im Reich der Weisheit gäbe.

Alles Irdische, das Firmament, die Sterne, die Erde und ihre Reiche kommen an Wert nicht an den geringsten der Geister heran; denn dieser kennt das alles und sich selbst; das Irdische dagegen weiß nichts davon.

Alles Irdische zusammen und alle Geister zusammen und alle ihre Werke kommen an Wert nicht an die geringste Regung der Liebe heran. Das gehört in eine unendlich höhere Ordnung.

[793/4] De tous les corps ensemble, on ne saurait en faire réussir une petite pensée : cela est impossible, et d'un autre ordre. De tous les corps et esprits, on n'en saurait tirer un mouvement de vraie charité, cela est impossible, d'un autre ordre, surnaturel.

Aus allem Irdischen zusammen kann man nicht den geringsten Gedanken hervorholen: das ist unmöglich und gehört einer anderen Ordnung an. Von allem Irdischen und allen Geistern kann man keine Regung wahrer Liebe ableiten; das ist unmöglich und gehört einer anderen Ordnung an, der übernatürlichen.

A Adolf Laufs
qui revendique un ordre libre
où le pain serait guéri

Fritz Paepcke:
Blaise Pascal und die Logik des Herzens *

I

Mit dem Universalverfahren, der Verstand *(raison; bon sens)* sei die allen Menschen gemeinsame Erkenntnisfähigkeit, hatte René Descartes (1591–1650) die Trennung von Subjekt *(res cogitans)* und Objekt *(res extensa)* vorgenommen. Er hatte die sichtbare Welt als eine entseelte aus der *res cogitans* wieder aufzubauen versucht, und die Gesetze der mathematischen Naturwissenschaft sollten allein in Denkgesetzen ihren hinreichenden Grund haben. Zugleich damit verbunden ist bis heute die methodologische Auseinandersetzung der Wissenschaften zwischen den mathematisch orientierten Naturwissenschaften und den historisch ausgerichteten Geisteswissenschaften sowie die prinzipielle Unterscheidung zwischen dem seiner selbst bewußten Menschen und der nichts von sich selber wissenden Natur. Damit hatte Descartes den Gedanken von der Entwicklung der Gattungen und Arten *in* der Natur sowie den Wandel der historischen Bedingtheit allen menschlichen Denkens dem Gang der neuzeitlichen Wissenschaft entzogen, und die Auffassung von der Zeit als zeitloser *veritas aeterna* hatte in Unterscheidung

* Pascals Funktion in der Entwicklung menschlichen Denkens und Glaubens habe ich dargestellt in *Fritz Paepcke*, Blaise Pascal (In: Die Wahrheit der Ketzer. Herausgegeben von Hans Jürgen Schultz. Kreuz-Verlag, Stuttgart–Berlin. 1968. 375 Seiten. S. 128 bis 137. Mit Texten: S. 310–321).

zu der neuzeitlichen Auffassung von der Zeit, die dem Wechsel und den Veränderungen in der Natur unterliegt, das Problem der Metaphysik nicht bewältigt.

II

Blaise Pascal (1623–1662) betrieb Forschung aus Leidenschaft: er war Mathematiker und gehörte zu den bahnbrechenden Physikern der Neuzeit. Als Sechzehnjähriger hatte er bereits eine Abhandlung über die Kegelschnitte verfaßt. Auf ihn geht die Entdeckung der Hydrostatik zurück. Er wies experimentell nach, daß es in der Natur den leeren Raum gibt und dieser sogar hergestellt werden kann. Damit brach die Theorie vom *horror vacui* zusammen, welche noch auf die Autorität des Aristoteles zurückging. Pascal erfand auch die erste brauchbare Rechenmaschine und betätigte sich als Ingenieur, um das Modell allmählich zu verbessern. Und wenn Leibniz die Infinitesimalrechnung systematisch aufgebaut hat, so beginnen doch wesentliche Grundlagen dieser mathematischen Disziplin bereits mit Pascal.

Pascals Wissenschaft ist Erforschung der Wirklichkeit. Diese Wirklichkeit bewältigt er mit der jeweils notwendigen Methode. Denn jedem Gegenstand entspricht eine ihm zugeordnete Methode, und nur die jeweils angemessene Methode führt an den Gegenstand heran. Als Mensch der beginnenden Neuzeit hat Pascal an dieser Methodenfrage lebhaften Anteil genommen. So griff er auch in die Diskussion seiner Zeitgenossen ein, ob in der Naturforschung die Autorität der Antike den Ausschlag zu geben habe oder das Experiment, welches das denkerische Bemühen unterstützt. Pascal hat die grundsätzliche Bedeutung des Experiments

(lat. *experiri*, versuchen, erproben, erfahren) damit als einer der ersten erkannt. Entschlossen hat er sich in der Beobachtung der Natur auf die Seite der Anhänger des experimentellen Wissens gestellt. Doch im Bereich der Natur ließ er nichts gelten, was sich den Gesetzen der Natur entzieht, andererseits hat er der Natur nichts gegeben, was ausschließlich in den Gesetzen des Denkens seinen Grund hat.

Bei der Erfindung der Rechenmaschine beschäftigte ihn die Grundfrage des modernen Technikers: wie kann der Mensch den geistigen Vorgang mathematischer Grundoperationen auf etwas Mechanisches übertragen, und wie muß eine Maschine gebaut sein, um einen solchen Vorgang nutzbar zu machen? Oder es interessiert ihn bei der Infinitesimalrechnung der Begriff des unendlich Kleinen und des unendlich Großen, der weit über die mathematische Fragestellung hinaus für sein Denken menschlich bedeutsam geworden ist. Pascal hat damit den Gedanken vorweggenommen, daß die Hochstilisierung der sachorientierten Methode zur reinen Theorie die Unfähigkeit des Menschen zur Reflexion über die Grenzen und Möglichkeiten der Methoden und zugleich auch die Unfähigkeit des Menschen zur Reflexion überhaupt deutlich werden läßt. Das ist überall dort erkennbar, wo der Mensch im Wissen um die methodische Regel, die zu jeder Theorie gehört, nicht mehr die Anwendung solcher Regeln findet, weil die Anwendung der Regel keine Regel hat.

Blaise Pascal hat die Größe des experimentellen Forschens ausgekostet. Dabei ist es ihm nicht entgangen, daß der Weltentzug, der bei Descartes zur Selbstgewissheit des Denkens gehört, nicht etwa zur entgegengesetzten Position der Weltreferenz, sondern zum Gegenüber von Mensch und Natur

führen muß. Da machte er im Kreise angesehener Damen und Herren der adligen Großstadtgesellschaft die Erfahrung, daß Menschen nicht etwa erkannt werden können wie Naturgesetze, sondern als lebendige Personen wertend und wägend verstanden werden müssen. Denn auch der Kenntnis des Menschen ist eine bestimmte Methode zugeordnet. In der gleichen Weise, wie Pascal die Natur aus dem ausschließlichen Bestimmungsgrund der mathematischen Methode entlassen hat, entdeckte er andererseits, daß das Ich des Menschen nicht logisch außerhalb der Zeit steht, sondern selbst als Natur erscheint und in den Horizont der Zeit zurückgeholt werden muß. Und in den Pariser Kreisen begegnete er nicht allein dem begrifflich planenden Wissenschaftler, sondern vorzugsweise dem *honnête homme* als Edelmann und Künstler des Lebens. Im Umgang mit diesen Menschen weitete sich sein Geist. Durch die Steigerung einer solchen menschlichen Seinsqualität wurden seine gesellschaftlichen Formen fein und geschliffen, sein Gebaren paßte sich diesen Adligen an, die weltoffen und zart das Leben genießen, ohne sich inmitten aller gesellschaftlichen Abenteuer Gedanken über Gott und das menschliche Heil zu machen.

Pascal besitzt ein Erfahrungsorgan von herrlicher Breite. Mit diesem Organ nimmt er die Wirklichkeit an, die ihm in Wissenschaft und Gesellschaft sowie im Umgang mit Menschen begegnet, und er erfaßt sie immer nur mit der Methode, die ihm von der Wirklichkeit selbst vorgeschrieben wird. Pascal ist ein Mensch, der nur von der Erfahrung her leben kann, und es konnte nicht ausbleiben, daß er auf diese Weise auch seinen Zugang zum Religiösen fand. Die Familie Pascal gehörte zu den Freunden der jansenistischen Reformbewegung, die in dem unweit von Versailles gelegenen Non-

nenkloster von Port-Royal maßgebend geworden war. Dieser Jansenismus ist der Vorstoß christlichen Ernstes in einer Zeit welthaft geregelter Kirchlichkeit. Er verbindet einen ausgeprägten Individualismus mit der strengen Auffassung, daß der Mensch zum Heil oder zur Verdammnis vorherbestimmt ist. Daher setzen die Anhänger auch nur ein sehr geringes Vertrauen auf die Freiheit des menschlichen Willens. Zwar bleibt die Kirche für sie Trägerin der Offenbarung und der religiösen Autorität, aber sie reduzieren die Kirche auf ausschließliche Gnadenwirksamkeit.

Pascals erste Begegnung mit dem Jansenismus geht bereits auf das Jahr 1646 zurück. Sie führt ihn zu einer vertieften Auffassung vom Leben, aber noch nicht zu einer umgreifenden religiösen Erfahrung. Diese ereignet sich erst in der Weise einer Erschütterung, bei der für Pascal das philosophische Postulat eines absoluten Gottes zerbricht. Pascal erfährt den Gott der Gnade, der lebendig ist, der sich durch die Mittler des Alten Bundes in die menschliche Geschichte hineinbegeben hat und den Menschen endgültig durch Jesus Christus vertraut geworden ist. *Dieu d'Abraham, Dieu d'Isaac, Dieu de Jacob, non des philosophes et des savants. Certitude. Certitude. Sentiment. Joie. Paix. Dieu de Jésus-Christ,* so beginnt das Dokument (*Mémorial*), mit dem Pascal in glutvoll hingeschleuderten Worten die mystische Erfahrung der Nacht vom 23./24. November 1654 festgehalten hat. Diese Erfahrung ist für ihn bis zu seinem Tode bestimmend geblieben, ohne daß er nachgelassen hat, die Probleme seiner wissenschaftlichen Forschungen weiterzudenken. Aber seit dieser Epiphanie kann der Gott der christlichen Offenbarung für Pascal nicht mehr definiert werden wie ein Begriff; er hat ihn in Demut und Gehorsam erfahren

in der Person Jesu Christi, der wie ein Mensch gelebt hat, am Kreuz gestorben ist, vom Vater auferweckt wurde, zum Himmel aufgefahren ist, zur Rechten des Vaters erhöht wurde und zum Gericht der Lebenden und der Toten wiederkommen wird. Mit diesem Gott gibt es eine Begegnung, während sich der „Gott der Philosophen und der Gelehrten" letztlich nur im Begriff fassen läßt. Pascal ist sich also darüber im klaren, daß nicht die Welt, sondern nur Gott, der selber die Liebe ist, und der in ihm zu liebende Mitmensch liebenswert sind. Damit hat er nicht ein kosmologisches Weltbild verankert, sondern die Möglichkeiten und Grenzen eines christlich-anthropologischen für sein Denken aufgewiesen.

III

Die vollständige Ausgabe der Werke von Blaise Pascal enthält mathematisch-physikalische und anthropologische Abhandlungen, Briefe an Zeitgenossen, Wiedergabe von Gesprächen, religiöse Betrachtungen sowie die achtzehn *Lettres provinciales*. In diesen streitbaren Briefen an einen Provinzbewohner verteidigt Pascal die jansenistische Gnadenlehre gegen die damalige Jesuitentheologie. Mit achtzehn französisch abgefaßten Briefen bringt er erstmalig eine theologische Auseinandersetzung in den Raum der Öffentlichkeit; so bewirken diese Briefe, daß nicht die jesuitische Moralstrategie, sondern die bereits geschlagene Sache des Jansenismus (Bulle „Ad Sacram" Alexanders VII., 1656) eine geistig-religiöse Macht erster Ordnung wurde.

Pascal hat außerdem fragmentarische Aufzeichnungen hinterlassen, die erst nach seinem Tode veröffentlicht wurden (1670). In der Weltliteratur sind sie unter dem Namen

Pensées bekannt geworden. Diese Gedanken über den Menschen sind eine der großen Hinterlassenschaften des klassischen Zeitalters der französischen Literatur. Oft abgrundtief und vielfach schwer verständlich, gehören sie zu den wenigen entscheidenden Büchern, aus denen der Mensch seine Würde und seine Bestimmung herauslesen kann. Pascals Gedanken entwickeln kein geschlossenes System; sie müssen als Bruchstücke einer geplanten, aber nicht verwirklichten Apologie der christlichen Existenz des Menschen verstanden werden.

IV

In den *Pensées* werden menschliche Erfahrungen zu Gegenständen einer kritischen Betrachtung, so daß die 924 Fragmente (Ausgabe Brunschvicg) zu einer Grundlagenbestimmung des Menschen führen. Der Leser dieser *Pensées* ist allein vom Interesse bestimmt. Wer dagegen diese *Pensées* vorstellt, hat sich über die Grundsätze, die ihn bei der Auswahl geleitet haben, in unmittelbarer Formulierung Klarheit zu verschaffen. Bleibt auch das Bild uneinheitlich, so ist es doch Ausdruck und Symptom einer Unsicherheit, die die Unsicherheit des kritischen Urteils bei Pascal selbst spiegelt: *Ecrire contre ceux qui approfondissent trop les sciences. Descartes* (Frg. 76: Gegen jene schreiben, die in die Wissenschaften allzu tief eindringen. Descartes). Damit stellt Pascal sich Fragen, die die Dogmatik des Programmatischen vermeiden. Sein Ziel sieht er einzig und allein darin, die Schwebe des Urteilens und des Entscheidens so weit wie möglich offenzuhalten, und dem Menschen, der ihm begegnet, zwangsläufig etwas schuldig zu bleiben. Bei diesem Ver-

fahren wird Pascals einzigartige Bedeutung als Anthropologe besonders erkennbar, wenn er die Axiome der Mathematik ins Menschliche überträgt oder wenn er die Bereiche der Sinne, des Geistes und der Liebe abgrenzt (Frg. 793), welche zugleich Rangstufen und Ordnungen der methodischen Forschung, des mitmenschlichen Umgangs und der Gnadenordnung angeben, in denen sich die Existenz des Menschen vollendet.

Pascal hat Descartes abgelöst. Aus dem Zweifel an aller Wissenschaft war Descartes in seinem Konzept zu der Überzeugung gelangt, daß es außerhalb der Mathematik keine zuverlässige Erkenntnis geben könne. Diesen Grundgedanken hat Pascal nicht zerstört; er hat ihn weitergeführt und zuendegedacht. Pascal ist auf solche Weise die Amplitude des Descartes geworden. Wenn J. W. Goethe die Verknüpfung des Universellen mit der Konkretisierung des Besonderen in die Worte faßt: „Darum fallen das Allgemeine und das Besondere zusammen: das Besondere ist das Allgemeine, unter verschiedenen Bedingungen erscheinend" (Maximen und Reflexionen. 569), dann macht Pascal die Entdeckung, daß es einen doppelten Aspekt von *esprit* gibt (Frg. 1, 4), weil das Allgemeine und das Einmalige miteinander verknüpft sind. Das Allgemeine erscheint am deutlichsten in den leblosen Dingen, das Individuelle dagegen im Menschen. Dementsprechend gibt es für ihn den *esprit de géométrie* als Verstandeskraft des methodischen Denkens der *raison*, dessen Regeln das deduktive Verfahren der nomologischen Wissenschaften bestimmen und das mit kunstvoll gebauten Folgerungen beweisend und erklärend aus einem bereits vorliegenden Grundsatz ein Ergebnis mit dem Anspruch allgemeiner Gültigkeit ableitet (Frg. 1: *démontrer par ordre*).

Dem *esprit de géométrie* steht der *esprit de finesse* gegenüber. *Finesse* ist intuitiv-spontanes Erkennen des *cœur*, apriorische Evidenz, Geist der Erfahrung als heuristisches Vorgehen des *sentiment*, das den Gegenstand als Ganzes in der unabschließbaren Mannigfaltigkeit wechselnder Aspekte erfaßt (Frg. 1: *voir la chose d'un seul regard*). *Finesse* ist auf Begreifen hingeordnete Wahrnehmung, synthetische Kraft des Vorreflexiven und Vorsprachlichen sowie der Blick des Menschen, der nicht starr fixiert ist, sondern eine Streuung hat. Dieser *esprit de finesse* sichert die Grundlagen der Erkenntnis, führt jedoch nicht zu mathematischer Begrifflichkeit, sondern entdeckt den Glanz des Individuellen.

Den *esprit de finesse* fand Pascal bei den *libertins*, den Vertretern der Hof- und Salonkreise, sowie bei dem *honnête homme*. Der *honnête homme* (Frg. 35) ist das Leitbild der damaligen Gesellschaft. Gebildete Natürlichkeit und zwangloser Anstand vereinen sich bei ihm zum Künstlertum des Lebens. Dabei ist die Sittlichkeit des *honnête homme* nicht religiös orientiert; er findet vielmehr in der Einheit von stoischer Unabhängigkeit und epikuräischem Lebensgenuß einen ethischen Ersatz für die damals staatlich geförderte Ausübung der Religion. In dem *honnête homme* stellt sich die liebenswürdigste Form des *Ancien régime* dar, weil er ein kostbar empfundenes Leben menschlich-maßvoll ausleben will und durch diesen Lebensstil den *esprit frondeur* des politisch unzufriedenen Adels überwindet. So kam Pascal von Descartes her, um bei den fragend-zweifelnden Ich- und Weltbetrachtungen des Humanisten Michel de Montaigne (1533–1592) Einkehr zu halten, dessen Hauptwerk (*Les Essais*) für den Libertin zu einer besonderen Autorität geworden war.

Pascal hat die Vernunft (frz. *raison*) als das Große im Menschen herausgestellt (Frg. 146; 346). Er hat auch den Gedanken von der herrlichen Kraft des Verstandes gedacht, dessen Armut sich im Gegensatz zum Reichtum des menschlichen Herzens (Frg. 272; 274; 347) befindet. Berühmt ist sein Wort vom Herzen, das „seine Gegengründe hat, welche die Vernunft nicht kennt" (Frg. 277). In dieser Aussage hat Pascal selbst das Wort von der Logik des Herzens grundgelegt. Er sagt, daß das Herz den Verstand übermächtigt; denn das Herz leitet auch den Verstand, aber es entwaffnet ihn nicht. Das Herz hat damit selbst eine Logik, die in der Liebe eingewurzelt ist. Herz ist bei Pascal Geist, der nicht nur strahlt, sondern glüht. Dieses Herz nennt Pascal *cœur*, wie es in Weiterführung paulinischer Gedanken bei Augustinus *cor inquietum* und bei Dante *cor gentile* heißt. Auch wenn Pascal neben *cœur* den Begriff der Erfahrung (*sentiment*) verwendet, meint er damit weder etwas Sinnliches noch etwas Emotionales, sondern das wertfühlende Herz als geistiges Erkenntnisorgan (Frg. 282). Er will damit sagen, daß die Vernunft nicht autonom ist und der Mensch in der Einheit von *raison* und *cœur* den Weg der Erfahrung geht und in dieser Einheit zur Erkenntnis gelangt.

V

Cœur erscheint bei Pascal als dritter Begriff neben *raison* und *volonté*. *Raison* und *volonté* (dt. Wille), so sagt Pascal in Abgrenzung zu Descartes in seiner Lehre über das Herz, haben zunächst im *sentiment* ihren Gefühls- und Erfahrungsgrund als jenem mütterlichen Schoß, aus dem Erkenntnis und Wille geboren werden. Aus diesem vorreflexiven

Grund des *sentiment* werden *raison* und *volonté* gleichsam ausgetragen, um im *cœur* als gestalteter Erfahrungseinheit wieder zusammengefaßt zu werden. So besitzt die Erfahrungsganzheit des *cœur* in der Einheit das, was *raison* und *volonté* jeweils nur in der Vereinzelung besitzen können. Im Herzen sind Vernunft und Wille in einer Weise geborgen und erfüllt, daß das *cœur* jene Einheit ist, die von der *raison* gelichtet und von der *volonté* ausgerichtet ist.

Die Lehre vom menschlichen Herzen steht im Mittelpunkt des Pascalschen Menschenbildes. Vom Hintergrund dieser Lehre her wird alles verständlich, was Pascal über die Vernunft, das Herz und Gott gedacht hat. Denn von der gelichteten und gerichteten Erfahrungseinheit des Herzens sagt Pascal, daß das *cœur* auch Gott erkennen kann: *C'est le cœur qui sent Dieu, et non la raison. Voilà ce que c'est la foi, Dieu sensible au cœur, non à la raison* (Frg. 278). Hier ist das Herz jener Ort der personalen Mitte des Menschen, in der auch der Glaube aufleuchtet, und dieses Herz ist wie ein Spiegel, in dem sich Gottes Herrlichkeit bricht.

Pascal sieht im Menschen nichts Ideales, sondern etwas Ungereimtes (Frg. 72). Seinem Wesen nach ist der Mensch für Pascal ein Geschöpf des Widerspruchs (Frg. 434). Die wahre *condition humaine* als jene ausgesetzte, ungeschützte Weltlichkeit, in der der Mensch nun einmal Mensch ist, bestimmt auch Pascals Denken. Dieses Denken ist durch das Gesetz der polaren Spannung bestimmt und vollzieht sich sprachlich in paradoxen Aussagen. So gehören zu der individuellen Konstellation des Menschen Höhe und Tiefe, Adel und Verächtlichkeit, Größe und Elend. Das Grundgesetz der Verspannung von Größe und Elend im Menschen umreißt sein Menschsein und bestimmt seine Existenz (Frg. 409).

VI

In Pascals Menschenbild lassen sich verschiedene Schwerpunkte erkennen. Der erste liegt in der Mitte zwischen dem Unendlichen (frz. *infini; tout*) und dem Nichts (frz. *néant; rien*). Für Pascal (Frg. 72) nehmen die Dinge teil an dem unendlich Großen und dem unendlich Kleinen; und indem Pascal den Begriff der quantitativen Unendlichkeit auch qualitativ versteht, hat er sich in dem Begriffspaar Unendlich-Nichts ein erstes Formalprinzip zur Bestimmung des menschlichen Standorts aufgebaut. Der Mensch weiß um das Unendliche und um das Nichts, obwohl er weder das eine noch das andere erkennen kann. Das Verhältnis des Menschen zum Unendlichen und zum Nichts ist damit Beziehung durch Teilhabe. Das Unendliche und das Nichts sind für Pascal Grenzbegriffe, mit denen er in dem Fragment 72 geradezu verschwenderisch umgeht und die er zueinander in Relation setzt. Wie das unendlich Kleine auf das Nichts zugeht, so wird das unendlich Große von dem All umfaßt. Der Mensch steht dazwischen (Frg. 72: *un milieu entre rien et tout; ... nous voguons sur un milieu vaste, toujours incertains et flottants, poussés d'un bout vers l'autre*). Der Mensch ist also dadurch Mensch, daß seine eigene Endlichkeit inmitten der Unendlichkeit steht. In diesem Schwebezustand erfährt der Mensch sein „Mißverhältnis" oder seine „Ungereimtheit", die bei Pascal *disproportion* heißt. Mit dem Gedanken von der schwebenden Existenz des Menschen steht Pascal wiederum in der Nähe von Montaigne, der dem Menschen erzählt, wie er ist, und nicht, wie er sein sollte. Aber Montaigne (Essais, I. 1) mit seiner beweglichen Seele (*subject ... divers et ondoyant*) gehört zu jenen Franzosen, die weit

mehr die Fläche als die Tiefe lieben, die über die Tiefe der Dinge mit einer verfeinerten, sehr bewußten Oberflächlichkeit hinwegspielen; Pascals Strukturprinzip kommt dagegen von mathematischen Einsichten her, welche die ironische Skepsis Montaignes aufnehmen und vertiefen.

Der zweite Schwerpunkt liegt in dem ethischen Begriff der werterfüllten Mitte: der Mensch ist dadurch Mensch, daß er trotz entgegengesetzter Neigungen die rechte Mitte hält. Denn wenn er aus der Mitte heraustritt, gibt er sein Menschsein auf (Frg. 378: *C'est sortir de l'humanité que de sortir du milieu*). Diese Mitte ist nicht Mittelmäßigkeit. Mitte heißt bei Pascal, daß der Mensch die Gefahr des Extremen erkennt (Frg. 353). Pascal will dem Menschen zeigen, wie er von allen Affekten und Gemütsbewegungen herausgefordert wird und die Mitte nur dadurch trifft, daß er in der komplexen Fülle des Lebens den Weg der Mitte wirklich geht. Wer die Mitte dann sucht, muß für beide Seiten aufgeschlossen sein: der Tapfere muß einen Sinn haben für die Werte der Vorsicht und des Draufgängertums, damit die Klarheit der Tapferkeit wirklich in einer Sinnmitte liegt, welche um die Fülle der Vorsicht und des Draufgängertums weiß. Mit der Mitte gewinnt der Mensch bei Pascal nicht etwa einen punktuellen Standort, sondern den weiten Spielraum der freien Entscheidung; erst wenn er diesen Raum auszufüllen vermag, überwindet er die ständige Gefahr des ethischen Rigorismus und erreicht dadurch seine sittliche Größe.

Mit dieser Auffassung bleibt Pascal in einer abendländischen Tradition, die mit Aristoteles beginnt und im *honnête homme* des 17. Jahrhunderts ihr menschliches Leitbild findet. Die Spannungen, die sich für den Menschen als Wesen der Mitte ergeben, liegen zwischen der Größe, die sich im

Denken zeigt (Frg. 346), und dem Elend der menschlichen Lebensbedingung mit der unaufhebbaren Hilflosigkeit des Menschen: „Die Größe des Menschen ist darin groß, daß er sich als elend erkennt" (Frg. 397). Oder es wird von dem Menschen gesagt, er gleiche „einem Schilfrohr, das denkt" (Frg. 347: *un roseau pensant*), er sei wie „ein entthronter König" (Frg. 409: *un roi dépossédé*), sein Menschsein zeige sich darin, daß er „weder Engel noch Tier" sei (Frg. 140: *il est ni ange ni bête, mais homme*; Frg. 358; 418). Die Erfahrung der menschlichen Hilflosigkeit hat Pascal dazu geführt, in der Selbstbezogenheit (Frg. 100: *amour-propre*) und in der Eitelkeit (Frg. 150; 162: *vanité*), im Stolz (Frg. 152: *orgueil*), in der Launenhaftigkeit (Frg. 162: *un je ne sais quoi*), im Geltungsdrang (Frg. 404: *recherche de la gloire*), im expansiven, nicht auf sich selbst bezogenen Tun (Frg. 139: *divertissement*) und in der Langeweile (Frg. 131: *ennui*) Existentiale des menschlichen Elends zu erkennen, die er die „Mächte des Irrtums" (Frg. 83: *puissances trompeuses*) nennt.

Mit besonderer Dringlichkeit zeigt Pascal die Elendssituation des Menschen an der in den Rechtsschein nach Thomas Hobbes gekleideten Macht auf (Frg. 298). Er zeigt, wie das Recht in der Verwaltung des Menschen zu einer Funktion der Macht wird und wie das Bild von Gerechtigkeit und Macht nicht stimmt, wenn es in die Widersprüchlichkeit von Größe und Elend gerät. Schließlich findet die Fragwürdigkeit des Menschseins ihren leidenschaftlichsten Ausdruck in dem Ausruf: „Was für eine Chimäre ist doch der Mensch? Welche Sensation, welches Ungeheuer, welches Chaos, welches Ding des Widerspruchs, welches Wunder! Richter aller Dinge, einfältiger Erdenwurm; Hüter des Wahren, Kloake

der Ungewißheit und des Irrtums; Glanz und Auswurf des Weltalls" (Frg. 434).

Diesen Widerspruch von Größe und Elend zeigt Pascal in „schwebenden Begriffen" (Hugo Friedrich) auf und löst ihn nicht begrifflich-metaphysisch, sondern biblisch-religiös. In Fortführung des Gedankens vom Menschen als einem „Ding des Widerspruchs" (Frg. 434: *sujet de contradiction*) weist Pascal auf den Menschen im paradiesischen Urzustand (Frg. 431) hin, dessen unversehrte Kreatürlichkeit durch die Erbsünde angeschlagen ist: „Der Knoten unseres Menschseins hat seine Krümmungen und Windungen in diesem Abgrund; so ist der Mensch ohne dieses Geheimnis unbegreiflicher, als dieses Geheimnis dem Menschen unbegreiflich ist" (Frg. 434). Mit einer solchen Aussage steht Pascal bereits in der Ordnung des Religiösen, die für ihn durch Jesus Christus erfahrene Wirklichkeit ist. Der menschgewordene Jesus Christus ist für Pascal der Mittler und die Mitte, in welcher der Gegensatz von Größe (Gnade) und Elend (Sünde) personal aufgehoben wird. Erst Christus ist die Entschleierung des Menschen, „der den Menschen unendlich übersteigt" (Frg. 434), und damit die Lösung des menschlichen Rätsels (Frg. 548). Christus ist Wirklichkeit der Mitte; er ist Erfüllungswirklichkeit mit dem Blick auf die Vergangenheit und Verheißungswirklichkeit für den Gang der Menschen durch die zukünftige Geschichte (Frg. 556). Gott selbst aber ist der Gott der Verborgenheit (Frg. 557), die nur an einer einzigen Stelle in Jesus Christus durchbrochen worden ist. Wie Gott im Zustand der Verborgenheit verbleibt, so ist auch der Mensch in Pascals Sicht ein Wesen, das über sich selbst keine letzte Auskunft geben kann, nachdem er sein paradiesisches Selbstverständnis verloren hat: der Mensch kommt

nicht über seine Angeschlagenheit hinaus, obwohl sein Herz die Sehnsucht nach Vollendung in sich trägt (Frg. 425). So kann der Mensch nur in Jesus Christus gerechtfertigt sein, in dem Gottes Verborgenheit in die Sichtbarkeit der menschlichen Geschichte eingetreten ist.

In dem Gespräch mit einem Skeptiker (Frg. 233), das als „Argument der Wette" bekannt ist, hat Pascal aufgewiesen, wie der Mensch unter dem Vorzeichen lebt, daß es Gott entweder gibt oder nicht gibt. Pascal bewegt sich mit diesem Argument zunächst auf einer vollkommen unreligiösen Ebene. Dann aber verläßt er den Bereich des rein theoretischen Fragens, um in den praktisch-religiösen Bereich hinüberzuwechseln. Das zeigt sich auch in der sprachlichen Form. Es erscheinen bei diesem Wettspiel Begriffe wie *gain* (dt. Gewinn), *perte* (dt. Verlust), *gage* (dt. Einsatz, Risiko) oder *choix* (dt. Mut zur Entscheidung), die ein dogmatisierender Theoretiker niemals verwenden würde. Der Sprachform entspricht der Gedanke. Darum ist auch das Wagnis, von dem in diesem Fragment die Rede ist, nicht mehr allein theoretisch gemeint; dem Menschen soll die Entscheidung abverlangt werden, der sich der Skeptiker entziehen möchte: *il faut parier; cela n'est pas volontaire, vous êtes embarqué* (Frg. 233). Denn Gott selbst ist der Einsatz bei dieser Wette. Dieses Argument ist kein Gottesbeweis im dogmatischen Sinn; es ist ein existentielles Argument im Sinne einer pädagogischen Anleitung.

VII

Pascal hat alles, was hier nachgezeichnet wurde, in seinen *Pensées* ausgesprochen. Nimmt man die oft nur fragmen-

tarisch vorhandenen Aussagen in ihrer sprachlichen Eigenart, so müssen sie als die Äußerungen eines Denkers verstanden werden, der illusionslos und ungehemmt nach dem Standort des Menschen gefragt hat. Pascal hat diese Frage mit solcher Ursprünglichkeit gestellt, daß für seine neuartigen Aussagen nicht immer ein adäquater sprachlicher Ausdruck bereitsteht. Die Sprache hat sich daher unter Pascals Hand oft in weitausladende Perioden geflüchtet, welche in immer neuen Ansätzen den Grundgedanken umspielen und ihn dadurch verständlicher werden lassen. Vor allem aber hat Pascal sich in der Stilfigur des Paradoxons eine Ausdrucksform geschaffen, mit der er sprachlich das bewältigt, was anders nicht gesagt werden kann. Die paradoxe Aussage steht für Pascal nicht im Dienst einer genauen, scharf geprägten und nüchternen Vorstellung, sondern sie beschreibt in anschaulich-eindrucksvoller Doppeldeutigkeit das Neuartige und das Unerwartete.

Es gehört daher zum Wesen dieser paradoxen Sprachform, daß das, was in sich nicht mehr eindeutig definiert werden kann, in einer Umschreibung wiedergegeben wird. Wortpaare wie *infini-néant, ange-bête, cœur-raison, grandeur-misère*, aber auch Wortbindungen wie *roi dépossédé* oder *roseau pensant* kennzeichnen Pascals Sprache im engeren Sinn. Solche Wortfiguren kreisen innerhalb eines Wortfeldes wie Trabanten um den Zentralbegriff *homme* oder *condition humaine*, indem sie durch die paradoxe Doppeldeutigkeit die Wesensbestimmung des Menschen in eine Bildbeschreibung kleiden. Das Wortfeld erweitert sich dabei zum Bildfeld, und die paradoxe Bildbeschreibung steht im Dienste des Pascalschen Denkens. Hier liegt ein unverwechselbares Kennzeichen der Pascalschen Sprache. Mit Hilfe

dieses Paradoxons hat Pascal eine überkommene Vorstellung vom Menschen (*roi:* der Mensch ist ein regierender König), welche von der Allgemeinheit geteilt wird, in Widerspruch gesetzt zu einer Einsicht (*roi dépossédé:* der Mensch ist ein König, der seinen Thron verloren hat; Frg 409), welche im Raum des Bildfeldes erst langsam durchbrechen muß. So läßt auch die sprachliche Form erkennen, daß Pascal kein geschlossenes System vom Menschen entwirft. Vielmehr liegt in dem Sprachmodell der paradoxen Darstellung eine Kraft der Überredung und Überzeugung, welche die Stellung des Menschen in einer labil-gleitenden Weise zwischen *grandeur* und *misère* aufzeigen will, und andererseits ist die Wirklichkeit des Pascalschen Menschenbildes bis in die sprachliche Formulierung hinein durchdacht und durchformt.

Pascals Bild vom Menschen hat drei Schwerpunkte: die Ungereimtheit (frz. *disproportion*), den Widerspruch (frz. *contradiction*) und Jesus Christus. Sie verweisen auf das Bild vom neuzeitlichen Menschen, der den Weg vom Wissen zum Glauben geht, nicht etwa auf das Bild des mittelalterlichen Menschen, der den Weg vom Glauben zum Wissen fand. Damit ist auch das Erkenntnisorgan des *cœur* die personale Mitte dieses Menschen, und es ist die Logik dieses Herzens, daß es die Ungereimtheit und den Widerspruch des menschlichen Lebens in Jesus Christus selbst auflösen kann. So vollzieht sich das Verhältnis des Menschen zu Gott nach dem „Konzept der verborgenen Führung des Menschen durch Gott" (Klaus Berger), womit gemeint ist, daß Gott *in* der Geschichte nur als deren Grund erfahren wird.